ちくま文庫

あしたから出版社

島田潤一郎

筑摩書房

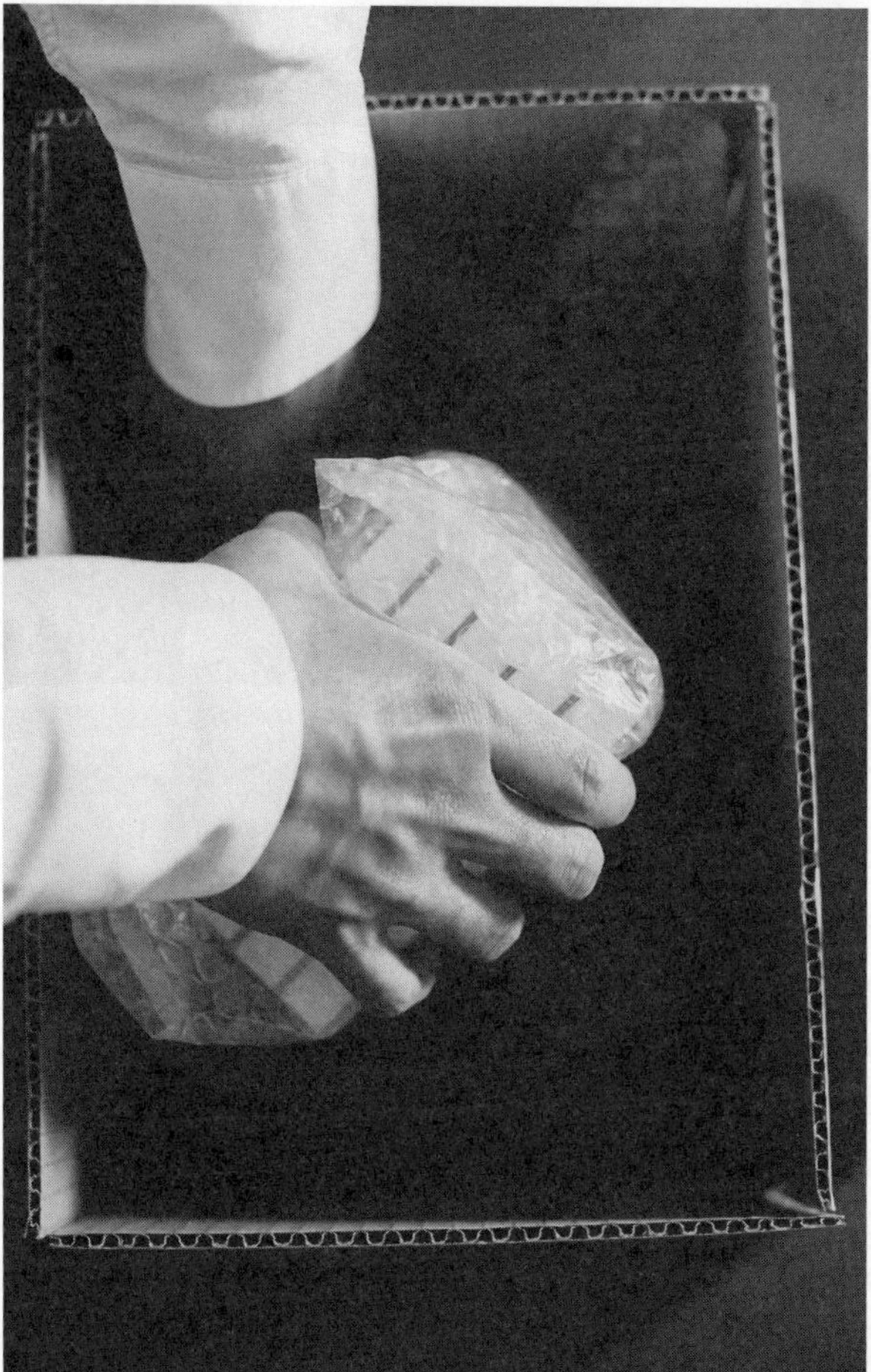

Rembrandt's Hat
Bernard Malamud
心にしみわたる短編

目次

2　よろこびとかなしみの日々　175

あしたから出版社

はじめに

とても生きにくい世の中だと思う。

どうしてそうなったのかはわからないが、ずっと、生きにくいなあ、と思っている。

特にぼくのように若いころにちゃんと働いてこなかった人間にとって、社会は全然やさしくない。「反省しました。もう馬鹿なことはやりません」と謝っても、許してくれない。

あなたが好きでやってきたんでしょ？　責任とりなさいよ。

ずっと、そういわれ続ける。

すくなくとも、そういわれ続けている気がする。


本当は就職をしたかったのだ。

みんなと一緒に机を並べ、残業なんかもこなして、たまに、同僚からのお土産が電話の横かなんかにちょこんと置いてあって、それで、「いいなあ、山田さんは北海道に行ったんですね」などと、となりの人と話したかったのだ。

でも、できなかった。

一度レールから外れてしまうと、社会は、まったくといっていいほど、ぼくのことを信用してくれないのだった。

こういう経験をしてきたのは、きっと、ぼくひとりじゃないはずだ。

そんなふうに思いながら、約一年間、コツコツ文章を書いた。

早くして亡くなった人たちのことを思いながら。

いま、たたかっている友人たちのことを思いながら。

ひとりで出版社をやっているというと、多くの人が驚く。でも、人を雇う余裕もないから、仕方がない。

ただ、一方では、こうも思う。

本は、多くの場合、ひとり一冊しか買わない。すごくよかったからといって、二冊三冊買うものではない。そして、書く人もまた、だいたいひとりだ。

ひとりの作家が夜中にウンウンと唸《うな》って書いたものを、ひとりの編集者が読んで感想をいい、ときに作家を励まし、一冊の本をつくる。そして、ひとりの読者に届ける。

一〇〇万部のベストセラーでも、一〇〇部の詩集でも、それは同じだ。

出版業界は不況といわれて、ずいぶん長い。

インターネットが、本や雑誌の領分を奪い続け、本は情報を伝えるための媒体ではなくなりつつあるように感じる。

では、本がなにを伝えられるかというと、かなり大雑把《おおざっぱ》だけれど、こころであり、気持ちだと思う。

ひとりの作家のこころを、ひとりの読者に伝える。

そのあいだをとりもつ出版社がひとりであることは、なんというか、夢のある話のようにも思える。

もちろん、デザイナーさんも、書店員さんも、本を運んでくれるドライバーさんも、つきつめれば、みんなひとりだ。

ひとりではなにもできないけれど、みんなが繋がれば何かができる、と思う。

ぼくはこの本で、本と、出版社と、本屋さんの話を書いたが、この業界はおもしろいですよ、といいたいわけではない。

ぼくが経験したのがたまたま出版業界だったというだけだ。

ぼくがこれまでやってきたことは、みなさんの役には立たないかもしれないけれど、こんなやり方もあるんだと思っていただけたら、うれしい。

二〇〇九年の八月、吉祥寺《きちじょうじ》に事務所を借りて、そして、いよいよ明日から自分の会社がはじまるのだ、と胸を昂《たかぶ》らせていたときのことが忘れられず、『あしたから出版社』というタイトルをつけた。でも、これは、ぼくにしかできないことではない。決心さえすれば、だれでも、あしたから、あたらしい肩書きくらいはつけることができる。

生きにくい世の中だけれど、それくらいは、みんな許してくれる。

あしたからデザイナー。

あしたから料理人。

あしたから……。

わからないけど、世の中には、たくさんの生き方がある。

ぼくは、この本を、最愛の従兄《いとこ》、濱中憲造に捧げたい。

1

ひとりで出版社をはじめる

従兄が死んだ

土曜日、彼女の部屋でテレビを見ていたら、携帯電話が鳴った。母からだった。声が違った。

「ケンが事故でもうダメだって。瞳孔《どうこう》が開いているんだって」

会話はすぐに終わった。

「従兄が死んだって。瞳孔が開いて、もうダメなんだって」

ぼくは母から聞いたことを彼女にそのまま告げて、よろめくように外に出た。

夜だった。

なにをすればいいのかわからなくて、彼女のアパートの近くのタバコ屋で、従兄が好きなマルボロを買った。

従兄のために、マルボロを買って吸わなきゃいけない。そう思ったのである。マルボロを買って吸うことが、ぼくがいま従兄にしてあげられるただ一つのことなのだ。そう信じたのである。

ぼくはマルボロの封を開け、煙を大きく吸い込んだ。

従兄（以下、ケンと呼ぶ）とは、歳が半年しか離れていなかった。ケンが一九七五年一二月生まれで、ぼくはその半年後の六月に生まれた。生まれてすぐのふたりは、一緒に写真におさまっている。裸で。口を開けて。

物心つかぬころから、夏になると、離れずに遊んだ。

ぼくは夏休みになると（ときには冬休みも）、東京から、母の郷里である高知県の室戸《むろと》に行き、ケンと朝から晩まで一緒に過ごした。ケンにはむかし弟がいたが、その弟は五歳で病没していた。だからだろうか、ケンには、さみしそうな心があった。笑っていても、どこかに陰があった。人のさみしさにも敏感だった。とてもやさしかった。

一八歳のとき、ぼくとケンは、ぼくの高校卒業の祝いで、一緒に海外旅行に行った。旅先で、つまらぬことで喧嘩をした。それまで一度も喧嘩をしなかったのに、ふたりともすこしだけ大人になって、口には出せずに、おたがいのことを不満に思った。

そのとき、ケンは高校を中退して、造船所で働いていた。まだあどけない顔で、大人たちにまじって、毎日、港の作業場で、鉄板に火をあてていた。

空港での別れ際、ケンが「これやるわ」といって、ぼくにスポーツバッグの形をしたキーホルダーをくれた。すぐそこの土産売り場で急いで買ったといった感じの、Jリーグのロゴが入ったキーホルダーだった。

「ありがとう」

ぼくはおざなりに返事をして、荷物検査所を通過するケンの背中を見送った。

なんでこんなものをくれたんだろう。

いぶかしく思って、空港のなかでキーホルダーをいじっていると、小さなスポーツバッグはチャックが開くようになっていた。

なかには、小さく折り畳まれた一万円札が二枚入っていた。

ぼくへの卒業祝いであった。

三一歳になっていたぼくは、タバコ屋の前で立て続けにマルボロを二本吸って、京王線でうちに帰った。

部屋に入るなり、パソコンの電源を入れて、google で、「瞳孔が開く」と検索した。

すると、瞳孔が開いてしまったらもう助からない、と結果が出てきた。

高知の病院にいる叔母から何度も電話が来て、ケンの容態が母に伝えられた。どれもいい情報ではなかった。

眠れずに、煙草ばかり吸った。

なにをするのも恐ろしかった。

ぼくが声を発したら、歩いたら、お茶を飲んだら、小便をしたら、ケンが死んでしまう、そんな気持ちがした。

そして、午前三時過ぎ、ケンの永眠が知らされた。

夜空のふちがうっすらと明るくなったころ、ぼくはコンビニへ行き、またマルボロを買った。

一睡もせず、母とふたり、羽田発の最初の飛行機で、高知へ飛んだ。まだ信じられない気持ちだった。

高知空港には、目を真っ赤にした従姉が待っていた。母が彼女のもとに駆け寄り、ふたりは抱き合って泣いた。

高知空港からケンの住む室戸へは車で一時間とすこしかかる。ぼくの母にとっては甥《おい》が死んだことより、息子に先立たれた妹のこころのほうがつらく、真っ赤な目で海を見ていた。母の姉の娘である従姉も涙をぬぐいながら、車を運転していた。

そうして、従兄の家へ着いた。

ドアを開けるなり、叔母が飛び出してきて、ぼくの母の胸で泣きじゃくった。ぼくはふたりの脇をすりぬけて、大広間に敷いてあった布団のほうへ、フラフラと歩み寄った。

ケンには、もうひとりの弟がいた。病没した弟に瓜二つの、ケンより一〇歳下の弟だった。

ケンは、だれよりもこの弟をかわいがった。

「ジュン、見ちゃってくれ」弟がいった。

ぼくは彼に腕をとられ、動かなくなったケンを見た。ケガした部分を包帯で巻かれ、目をつむっていた。

「おにい、ジュンが来てくれたで」

弟が泣き崩れるようにしていった。

「ケン、来たで」

背中を衝かれたように体が震え、それから、涙があふれ出た。

室戸

幼いころは、両手を離して自転車に乗れることと、連続してゲップを出せることが自慢で、ケンに、「ジュン、ゲップしてくれ。頼むき」といわれると、喜んで、五〇回も一〇〇回も、連続でゲップをした。高校生になっても、まだやっていた。

勉強はできなかった。全然というほどではないが、苦手だった。集中力がなかった。中間テストで、〇点をとったこともあった。一所懸命やって〇点だった。中学二年生だったぼくは気を失いそうになった。

しかし、ケンは、ぼくよりも勉強ができなかった。やっぱり、ぼくと同じように集中力がないのだった。夏休みも終わりのころになると、親にいわれてふたりで宿題をはじめるのだが、五分も経たないうちに飽きて、遊びはじめた。

室戸には、山があり、川があり、海があった。山にはカブトムシがいて、川には魚がいた。海には、度胸を試すための高い防波堤があった。

ケンは野球部に入っていたが、ぼくが室戸に来ると、練習を全部休んだ。練習帰りの先輩たちに近所で出くわすと、走って逃げた。そのくせ、ぼくやぼくよりも小さい子どもたちに、好んで野球を教えた。

室戸のだだっ広い砂浜で、流木をバットに力いっぱいボールを打ち、ぼくや、ケンを慕う子どもたちに、走って取って来いと命じた。

大人になってから、ぼくはケンと、よく、あんなことをした、こんなことをした、と話をした。

ケンは室戸で、仕事をしたりしなかったりの日々を送っていた。さまざまな肉体労働を経て、痩《や》せた小さな体はたくましくなった。顔は甘く整っていて、笑うと八重歯《やえば》が見えた。たくさんの人たちが、ケンのことを好きだった。

ぼくはといえば、どういうわけか、文学を勉強するようになっていた。夢中になった、というのではなかった。自意識過剰で、頭が毎日こんがらがっていたのだ。

室戸に行くときは、いつも数冊本を持っていった。けれど、毎日、一ページも開かないのだった。ケンと会うと、少年時代に戻った。ジュン、ゲームしよや。ジュン、どっか遊びにいこや。ジュン、お好み焼き食べいこや。ジュン、最近、どうで？　ジュン、東京でだれか芸能人に会った？　ジュン、彼女できた？

そのケンが、いま、ぼくの目の前で、遺体となって横たわっている。触れると、かたい物のようになっている。

ぼくは何度もため息をつき、アホやなあ、と思う。こんなあっけなく死んでしもうて、ほんまにアホやなあ、と思う。残された叔父と叔母はどうするがで？　ぼくが面倒見るが？　ぼくはあんたがおらんと室戸に来んで。死んだら、もう終わりながで。ぼくとも一生会えんがで。みんな、泣いちょったで。

ケンが死んだのは二〇〇八年の四月六日で、山桜が満開だった。東京のように立派な桜並木があるわけではなく、こんもりと茂った山のなかほどに、パッ、パッと、色が散ったように、ピンク色の花が咲いていた。室戸で桜を見たのは、生まれて初めてだった。

ぼくは、葬式の準備で慌ただしくしているみんなの代わりに、買い物に行ったり、保険会社を相手にケンの死亡保険金の交渉をしたりした。

ぼくは道を歩いたり、車を運転しながら、よく桜を見上げた。携帯電話で何枚も写真を撮ったりもした。

でも、ぼくは、毎日、恐ろしかった。

ケンがいなくなった、この世の中がたまらなく恐ろしかった。

仕事を探す日々

東京に帰ってきたぼくには、現実が待っていた。

ぼくは三一歳の、職能も、経験もない、ひとりの無職者であった。変わったのは、この世にケンがいるかいないかだけで、ぼくは、自分の未来のために、一日も早く仕事を見つけないといけないのだった。

二七歳から正社員と契約社員の仕事をいくつかやったが、どれも長続きせずに、自己都合でやめた。

仕事がつまらなかったわけではなかった。どちらかというと、全力でやった。一日じゅう車を走らせるルート営業も、こみいった顧客対応も、身を粉にしてとりくんだ。けれど、ある期間が経つと、ゼンマイが切れたようにやる気を失った。もっと自分に向いた仕事があるのだと信じた。

とはいえ、こういう仕事をしたいという願望をもっていたわけではなかった。漠然とした目標すらなかった。

ぼくは、職場で知り合うことになった、やる気のある人たちが苦手だった。帰りの電車のなかなどで、彼らのビジョンや目標を聞いていると、まるで外国人と話しているような気分になった。

「普通に生きていて、やりたいことなんてあるわけないじゃないか」

ぼくはなぜか、憤《いきどお》りさえ覚えるのだった。

室戸から東京に戻ったぼくは、毎日、実家の団地の一室にこもり、インターネットで仕事を探した。職種も、業界も問わず、自分が納得できる仕事であれば、なんでもよかった。カフェの店長や、塾の講師、食品会社の営業など、自分の頭で想像できる仕事を選んで、来る日も来る日も履歴書を書いた。

夜になると、高知の叔父、叔母に電話をかけた。ケンが突然この世からいなくなり、ぼくも苦しんでいたが、叔父と叔母はもっと苦しんでいた。それは比喩ではなく、底のない苦しみだった。

叔母は、目を覚ましたときがいちばん怖いといった。起きてすぐは、ぼんやりしていてわからない。けれど、三秒も経つとわかる。この世に、息子がいない。

ぼくは転職活動をしながら、どうすれば、叔父と叔母と、ひとりっ子になってしまったケンの弟のこころを再びあたためることができるだろう、と考えていた。

たとえば、ぼくは、彼らがもっていないケンの写真をアルバムから探して送ったり、ケンが上京したときに撮影した古いビデオをＤＶＤにして、室戸に送ったりした。

日課としていた読書は、小説や評論ではなく、「家族をなくしたときに」とか、「大切な人の死をどう受け止めるか」とか、そうしたグリーフケア関連の本ばかりを選ぶようになった。

ぼくは、自分の苦しみのことは忘れて、叔父叔母たちの苦しみの支えになりたかった。

いま考えれば、それがぼくにとって、自分のかなしみから遠ざかる、もっとも有効な方法なのであった。

転職活動は、からきしダメであった。笑ってしまいたいくらい、ダメであった。

まず、書類がとおらなかった。

二七歳まで、ぼくは作家志望で、アルバイトばかりをやっていた。本は人よりもたくさん読んでいたので、履歴書の自己紹介欄に、「仕事はしませんでしたが、その代わり、本は読みました。『失われた時を求めて』を読破しました」などと書いていた。

「おお、プルーストを読む若者なんて最近めずらしいね。うちで働かないかね」

そんな返事を期待したのだが、そんなことをいう人は、この社会にひとりもいなかった。

履歴書と職務経歴書を送ると、数日後に必ず、短い文章でお断りのメールがかえってきた。

それでも、意地になって、『失われた時を求めて』だけでなく、『ユリシーズ』も『特性のない男』も読みました、と書いた。あらゆる業界、業種への履歴書に同じことを記した。

でも、だれもそんなものに興味を示してはくれなかった。彼らが探していたのは、経験をしっかりと積んだ、もっと即戦力になる人材だった。

断りの連絡を受け取るたびに、ぼくは落ち込んだ。何回か受け取れば、こんなもの慣れるさ、と思っていたが、何回受け取っても慣れなかった。

Iのこと

ぼくは大学時代は文芸部にいた。男ばかり八人の、ジトッとした、暗い、口の悪い、人見知りの、だれも女性とつきあったことがない、うだつのあがらないサークルであった。

そのなかに、Iという、ぼくより一学年下の後輩がいた。彼はぼくよりひとつ年上で、つまり、二浪して、大学に入学したのであった。

Iは歴史が好きで、文芸部のなかでいちばん本を読んだ。山田風太郎《ふうたろう》や隆慶一郎《りゅうけいいちろう》の作品を愛し、彼らの小説の話になると、自分の滑舌《かつぜつ》の悪さを恥じながら、「あれは傑作です。読んだことがなかったら、マジで読んだほうがいいです」と、ぼくたちに熱っぽく話した。

Iがいると、文芸部がすこしだけまともなサークルに見えた。Iの趣味は、読書とスキーであり、Iは文芸部のほかに、スキー部にも籍を置いていた。

「冬に合宿があるから、いまはコンビニのバイトを増やしているんすよ」

そんな話を聞くと、「おお、ここにちゃんとした大学生がいる!」と、ぼくたちは感動さえした。

けれど、Ｉは、器用な人間ではなかった。人見知りで、しゃべることが苦手で、いつも、尊敬する偉人たちの目で自分の価値を判断した。つまり、自分のことを最低で、くだらないと思っていた。

Ｉは自分にきびしかったが、人にもきびしかった。ぼくがわかったようなことを口にすると、「知らないことをそんなふうに語らないほうがいいですよ」といった。

ぼくはＩに褒められたことなどなかったが、一度だけ、「島田さん、いま、横顔がすこしだけ、ユアン・マクレガーに似てましたよ」といわれたことがあった。

ぼくはそのとき丸坊主にしていて、ユアン・マクレガーもちょうどそのころ、丸坊主だった。

ぼくは、ほかでもないＩに、そんなことをいわれたのがうれしく、いろんな人にそのことをいいふらした。いまでも、お酒が入って舌がなめらかになると、いいふらす。

Ｉは、大学を卒業し、就職活動をやったことがある学生ならたいてい知っているであろう通信会社に就職した。そして、大変苦労をした。

そもそも、Iに営業なんて向いていなかったのだった。Iは自分の頭で考えて、自分が納得したことだけを話すタイプであり、そうでないものにたいしては寡黙《かもく》であった。ないしは、冷笑的であった。

仕事の時間外に上司からの電話を受け、あわてふためいてしゃべるIを見ると、胸が痛んだ。

ぼくはといえば、そのころは就職もせず、小説を書き、本ばかりを読んでいた。

「最近、なにか読んだ?」ぼくが聞くと、Iは、「恥ずかしいですよ」と苦笑するのだった。

「仕事なんかやめちゃえよ」

「島田さんとは違いますよ」

こんな会話を何度も繰り返した。

ぼくはIと、大親友だったとはいわないが、それでも、たった四人しかいない後輩のひとりだったから、Iの行く末を気にしていた。月に一度は新宿あたりの居酒屋で酒を飲み、本の話や、サッカーの話をした。ときには、一緒に旅行にも行った。

Iはぼくよりずっと頭がよかったし、ぼくの何百倍も謙虚であった。そんなIが、わけのわからない、自分のことしか考えていないようなやつらと営業成績を競っているんだと考えると、なんだか腹が立った。お前らには死ぬまでIの良さはわからんよ。そんなふうに思って、ぼくは、Iの同僚と殴り合いの喧嘩をすることまで夢想するのだった。

そのうち、Iは、なにもかもに疲れ果てたような顔になった。同時に、怒りっぽくもなった。居酒屋で接客態度が悪い店員に出会うと、「ふざけんなよ」と相手に聞こえるくらい大きな声でこぼすのだった。

「やめとけよ」というと、「ああいうやつらは、仕事をなめてるんですよ」といった。酒を飲んでいると、Iは、たいてい途中で眠りこけた。そして、口ぐせのように、「もう早く死にたいですよ」とつぶやいた。

Iとの最後の電話は、本当にどうでもいいことだった。

ぼくが、古本屋で古井《ふるい》由吉《よしきち》のめずらしい小説を見つけて、それで興奮して、Iの携帯電話に連絡をした。

いつもなら、「うらやましいっすね」といってくれるIは、「ああ、そうっすか」と気のない返事をした。

ぼくは会話に詰まり、「疲れているようだから、無理するなよ。仕事なんかやめちゃえよ」といつものようにいった。

そして、その二ヶ月後、三〇歳になる直前に、Iは死んでしまった。

ご家族の話によると、ポックリ病ということだった。

仕事のことになると、ぼくは、Iと、そして、ケンのことを思い出す。若くして、この世からいなくなってしまった、ふたりのことを思う。

ケンは、怪我をして造船所をやめたあとは、仕事探しに苦労していた。そして結局、死ぬまで自分の仕事を見つけることができなかった。

一方、Iは、仕事を見つけたが、その仕事をやめることができずに、疲弊《ひへい》するようにして死んでしまった。

そして、三一歳のぼくは、いま、仕事を探している。

お前は要らない、といわれ続けながら、毎日、毎日、履歴書を書いている。

人生は真っ暗だ

ぼくは毎日、九時半に起き、母親が用意してくれた朝食を食べ、一〇時にパソコンに向かった。そして、一一時半まで仕事を探し、近くの会社で働いている母のために、昼食をつくった。

一二時過ぎに母が自宅へ戻ってくると、ふたりで、野菜炒めや、パスタを食べた。そして、一二時五〇分に母が仕事に行くのを見送ると、ふたたび一七時まで仕事を探した。

とはいっても、ひととおり転職サイトを見てしまうと、あとはそれらのサイトの更新情報を確認し、気になる会社のHPをチェックするだけだった。

時間も、体力もあるのに、することがほとんどないというのは、つらいことだった。

ぼくは時間をもてあまして、パソコンに入っている「ソリティア」などのゲームをやったり、同じように仕事を探している人のブログを読んだりした。

ある人は、結婚して、子どももいた。ある人は、前職で鬱病《うつびょう》をわずらい、通院しながら将来への道を模索していた。また、ある人は、すでにいくつもの会社から内定をもらっているにもかかわらず、自分の求めている条件を譲らずに、ときに経済や政治などのニュースにたいしても積極的に発言をしながら、意欲的に転職活動をしていた。

ぼくは、そうした人たちのブログを読むたびに、こころが乱れた。

ブログのコメント欄で、「がんばろう」などと励ましあっている様子を見ると、胸が苦しくさえなるのだった。

ぼくにも、いいたいことや、打ち明けたいことはたくさんあった。親友だった従兄が突然亡くなってしまったこと。そういう状況のなかで、平静を装って仕事を探さなければならないということ。お断りのメールをもらって、毎日つらいということ。だれかに、ほんのちょっとでいいから、認めてもらいたいということ。

ある日、ぼくも、一念発起してブログをはじめた。

仕事が見つからない苦しみや、読んだ本の感想、こころに残っている思い出などを、時間をかけて丁寧に綴《つづ》った。それは一時期、ぼくの貴重な労働ですらあった。けれど、毎日更新しても、「もう死にたいんだぜ」と書いても、だれも見てくれる人などいなかった。

ぼくは毎朝、パソコンを立ち上げるたびに、ブログの訪問者が増えていることを、手に汗をかきながら期待した。だれかが「あなたのブログを読んでいます。がんばってください」と一言残してくれれば、どれだけ救われる気持ちがするだろうか、と思っていた。

でも、何日経っても、ぼくのブログには、ぼくひとりしかいなかった。

携帯電話さえ限られた者しかもっていなかったぼくの大学時代は、みなが当たり前のように孤独だった。授業が終わると、ぼくは本屋さんへ行ったり、家で本を読んだり、テレビを見たりした。

よほどの用事がないと、だれもぼくの家にまで電話をかけてこなかった。もちろん、ぼくもかけなかった。孤独でさびしいときは、もう一度、本屋さんへ行ったりした。

あれから九年が経ち、ぼくの目の前には、携帯電話と、ノートパソコンがある。連絡をとろうと思えば、知っている人だけでなく、知らない人ともつながることができる。

ブログを眺めていると、ぼくの知らないだれかは内定をもらい、ぼくの知らないだれかはオフ会をやり、ぼくの知らないだれかは、気分転換に、彼女と美味しそうなラーメンを食べている。

一方、三二歳になったぼくは、よれよれのTシャツを着て、寝間着代わりの短パンをはいて、彼らのブログを読んでいる。仕事に関する情報はふんだんに手に入るのに、どこにも届かずに、わけのわからないだれかの前向きな言葉を読み、自分より年下の人間の年収を知って、狂おしい気持ちになっている。

たしかに、時代は便利になった。いろんな場所に行かなくても、机の前に座っているだけで、転職活動ができるようになった。検索をすれば、ほとんどのことは調べられるようになった。

でも、いまのぼくには、それが耐えがたいほどに苦痛だった。

情報にひとしく触れることができるばかりでなく、自分からかんたんに情報発信もできるということは、自分がいかに無能で、役立たずで、孤独かということを思い知らされるということでもあった。

結局、ぼくは、転職活動をはじめてから八ヶ月で、計五〇社からお断りのメールをもらった。

だれにも合わせる顔がなかった。

ぼくは、そのころ可愛がっていた野良猫のところへ行き、猫と一時間ばかり遊んだ。冬の夜だった。

人生が真っ暗だというのは、こういうことなのだ、と思った。

なにかをはじめよう

ぼくの知人で、出版社をやっている人がいた。

長いあいだ連絡をとっていなかったが、偶然、幡ヶ谷《はたがや》で出会った。ぼくたちは、駅近くのドトールで一緒にアイスコーヒーを飲んだ。

四〇社くらい落ちたころのことで、季節は秋だった。

出版社をやっていくのは大変だ、と話す彼の目はまぶしいくらいに輝いていた。

転職に失敗したら自分で事業をやるしか方法はないのかもしれない、とそのころからぼんやり思いはじめていた。

ぼくの父は脱サラして、会社を経営していて、「サラリーマンより、自分で会社をやったほうがおもしろい」と、何度かぼくに話していた。

でも、その選択は現実的ではなかった。会社を経営したことがないどころか、どんな仕事も長続きしなかったぼくが、転職活動にうまくいかなかったからといって起業する。絶対にうまくいくわけがない、と思った。けれど、転職活動を八ヶ月ものあいだやって、五〇社から断わられると、もう道はないのだった。

ぼくは、明るい未来を描くことよりも、ケンやIのことを思った。つまり、なにもかもが面倒くさかった。ぼくは、早く死にたかった。

年末は、母といっしょに、室戸へ行った。

できたばかりのケンの墓を訪ね、ケンの弟と高知市内へ買い物に行ったり、テレビゲームをやったりして、日々を過ごした。

夜になると、叔母とふたりで、ケンの思い出を話した。ケンがいかにいいやつだったか。いかにお人好しであったか。

ぼくが叔母の知らないケンのエピソードを話すと、

「ほんま、あほやなあ」と叔母は笑った。

「ほんまに、あほやった」ぼくも笑った。

仕事が見つからなくてつらいんだ、と叔父と叔母には話せなかった。ふたりの前では、いつも、「ぼくたちには明るい明日が待っている」というような顔をしていた。

「おんちゃん、おばちゃんがつらそうな顔をしちょったら、天国におるケンもつらいき」

そんなことをよくいった。

東京に帰ると、不思議と気持ちがすっきりしていた。

転職活動をするつもりはもうなかった。やろうにも、身体もこころも動かなかった。

ぼくは、何度かパソコンの前に座ったが、どうしても、電源を入れる気持ちにはなれなかった。

「仕方がない。もういいや」と思った。

社会の多くの人と同じような働き方は、とりあえずあきらめた。

そして、一度あきらめてしまうと、いろんなものごとが、以前よりすこしだけクリアに見えた。

なにもすることがなくなったぼくは、正月の人もまばらな道を散歩し、いつもと同じように、最寄りの本屋さんへと足を運んだ。そして、店内に並ぶたくさんの雑誌や、文庫本、新刊を眺めた。

子どものころから、なにか困ったとき、つらいときは、本屋さんへ行った。本屋さんの店内に入ると、気持ちが落ち着いた。たくさんのお客さんにまじって、本や雑誌に触れていることで、かろうじて社会と繋がっているような気もした。

そうした日々をしばらく送った。

ぼくは本を買っても読もうとはせず、本屋さんへ歩きながら、本屋さんから帰りながら、いろんなことを考えた。

なんでもやれそうな気がしたし、なにひとつやれない気もした。

不安というのではなかった。ただ、自分が人生の転機にいることが、奇妙なくらいにはっきりとわかった。

ぼくの頭の片隅には、いつも、ケンのこと、叔父と叔母のことがあった。ひとりっ子だったぼくは、この叔父、叔母に、彼らの子どものように育ててもらった。叔母はいつでも、ぼくの好きな食べ物と飲み物をたくさん冷蔵庫に詰め込んで、ぼくをあたたかく迎えてくれた。叔父は、むかしマグロ船に乗っていたのだが、長い遠洋漁業から帰ってくると、ケンとぼくに、まったく同じおもちゃを買ってきてくれた。ぼくはふたりの愛情につつまれて、人生でいちばん幸せな時期を過ごした。

東京の世田谷《せたがや》の道を歩きながら、室戸の自然が、海が、まっすぐに延びた道路が、自転車一台通るのもやっといった路地が、目の前にあるような気がしていた。

いつ、どのタイミングだったのかは覚えていない。けれど、ぼくはある決断をした。ぼくは叔父と叔母のためになにかをしよう。亡くなったケンの代わりというのではないが、自分の人生に一度見切りをつけて、ふたりのために、生き直す気持ちで、全力でなにかをやってみよう。

それは、ひとつの転機だった。

三二歳までのぼくは、自分のためだけに生きてきた。いかに自分を磨き、成長し、立派な大人になるか。そんなことばかりを熱心に考えてきた。働くことも成長するための手段だと思っていたし、一所懸命本を読んできたのも、平たくいってしまえば、自分自身をほかのだれよりも輝かせたいがためであった。

こたえなどわからなかったが、とりあえず、もう十分だ、と思った。ぼくは、十分自分のために尽くした、と思った。

一編の詩

ぼくは、叔父と叔母のためになにができるかを、考えた。

心当たりがひとつだけあるのだった。

それは、一編の詩だった。

ケンが亡くなったばかりのころ、ぼくがグリーフケア関連の本ばかりを読んでいたことは、先に書いた。グリーフケアとは、一九六〇年代にアメリカで誕生した、大きな喪失（grief）を支える（care）ための考察であり、学問だ。

ぼくはそのなかの一冊で、一編の詩に出会った。その詩は、「わたしから、あなたへ」、より正確にいうと、「この世を去ったわたしから、残されたあなたへ」語りかけるという手法で書かれていた。

作者は、聞いたことのない一〇〇年前のイギリスの神学者だった。子どもを喪《うしな》った父親が、異国の地でこの詩に偶然出会い、そして、自分自身のために日本語に訳していた。

死はなんでもないものです
私はただ
となりの部屋にそっと移っただけ
私は今でも私のまま
あなたは今でもあなたのまま……

ぼくは、ケンの声を思い出しながら、この詩を、何度も読み返した。読んでいるあいだは、かなしみから抜け出せているような気持ちになるのだった。

自分の人生を振り返ってみると、ぼくがほかの人たちより情熱を注ぎ込み、飽きずに続けてきたのは、本を買い、読むことだけだった。あとは全部、ダメだった。

本に夢中になって、寝る間も惜しんで読んだ、というのではなかった。むしろ、気もそぞろに、がんばれ、がんばれ、と自らを励ますように、本を読み続けた。受験勉強をするように、今日はここからここまで読む、今月は何冊読む、とあらかじめ計画を立てて、毎日、読書に取り組んだ。

なぜ、そこまでして本を読んだのかというと、もちろん、名作といわれている作品には他の芸術にはない感動があるからに違いないのだが、もっと根本的なところをいえば、ぼくは、単純に「いい人間」になりたかったのだった。

「いい人間」がどういう人のことを指すのかは、はっきりとわからなかった。けれどそれは、すくなくとも、ぼくのことではなかった。友だちがすくなく、いつも人を値踏みし、臆病で、感傷的で、さらにいえば、緊張すると脇に汗をかくことにコンプレックスをいだき、おまけに、頻尿と強迫神経症にも悩まされている。

ぼくは、そういう人間になりたかったのではなくて、いつの間にか、そうなってしまった。だから、毎日、薬を飲むように、本を読んでいかなければ、もっとダメな人間になってしまう、と考えていた。

たとえ、友だちと上手くいかなくても、きちんと仕事をしていなくても、真面目に本さえ読んでいれば、年をとったときには立派な成熟した人間になっている、とこころの底から信じていた。

貴重な二〇代を、そのように過ごしてきたことは、大きな過ちだったのかもしれなかった。本の世界に閉じこもるのではなく、もっとたくさんの人と話し、強い理想をもって、社会のなかで自分の道を切り拓いていくべきだったのかもしれなかった。

けれど、その貧しい経験が、逆に、ぼくにできることを明らかにしてくれているように思えた。

ぼくには、つまり、本しかなかったのだった。

ぼくは、あの一編の詩を、本にして、それを叔父と叔母にプレゼントしようと思った。

そのことを手がかりに、未来を切り拓いていきたいと思った。

ぼくは本をつくりたい

出版社で仕事をしたことはあった。けれど、ぼくがやっていたのは、編集ではなく、営業や顧客対応などの裏方仕事だった。

本に人一倍愛着を持っていたけれど、編集の仕事をしたいと思ったことは、これまで一度もなかった。

ぼくは、どちらかというと大ざっぱな性格で、細かいことは苦手だった。それに、本をつくることになったら、本を読むという行為に集中できなくなるのではないか、とも思っていた。だから、仕事を探しているときも、出版社にはほとんど応募書類を出さなかった。

けれど、あたらしいぼくは、もう決めた。

叔父と叔母のために、本をつくる。だれがなんといおうとやる。あとのことは、やってから考える。どうなったって、知らない。


二〇〇九年の一月下旬、ぼくはまず最初に、香港で暮らす父に会いにいった。

父は、香港で日本人向けの書店とカフェを経営していた。もともとは洋服屋の店員をしていたのだが、バブルの好景気のさなか、会社がフランチャイズのカフェの経営に乗り出し、香港に進出した。父はそこでカフェの運営を担当したが、すぐにバブルがはじけて、帰国を命じられた。父は帰国する代わりに、辞表を提出し、資金をかき集めて、会社からカフェを買い取った。

久しぶりに会った、そして前よりすこし年老いた父は、スターバックスにぼくを誘い、あっさり、「やればいいじゃないか」といった。「なんともならなければ、応援するから」

「お金も貸してほしいってことだよ?」と聞くと、「わかってる」という。

父とは六歳のときから離れて暮らしている。父は転勤を繰り返し、ぼくが一七歳のときに、香港に行ってしまった。ほかの親子関係のことはわからないけれど、ぼくと父は離ればなれになっていた分、とても仲が良かった。

父は、お金を貸してほしいというぼくに、それ以上なにも聞かなかった。コーヒーを飲み、煙草を何本も吹かしながら、半年前に会ったときと同じように、最近読んだ本だとか、趣味の登山のことを話した。

結局、ぼくは父から二〇〇万円を借りた。資金面の問題はいとも簡単にクリアできた。

帰国したぼくは、次に、出版社をやっている知人に、自分の計画を相談した。

「この一編の詩で本をつくりたいんだけど、できるだろうか？」

知人は、A4にプリントアウトされた四二行の詩を見て、たぶんできると思う、といった。

「編集をやったことがないんだけど、編集ってどういう仕事なんだろう」ぼくは重ねて聞いた。

すると、知人は、編集とは実務ではなく、作家や、デザイナー、印刷所などをコーディネートする仕事だと思う、と教えてくれた。

それならできる、と思った。

たとえば、チョロQというおもちゃがある。

小さな車のおもちゃで、車輪を平らな場所に接地させて、後ろに引っ張ると、後ろに引っ張った分だけ、ぜんまいの力でまっすぐに走る。

ぼくは、従兄を喪い、転職活動に失敗し、これ以上ないくらいに後退した。もうダメだと思い、毎日、自死を迫られるような不安のなかで、泣きそうな顔で苦しんでいた。

けれど、叔父と叔母のために本をつくると決めたら、その鬱々《うつうつ》としたものが全部、ぼくを前進させる力になった。こころの奥から、力が次から次へ湧き出るようだった。

ぼくは、自分の胸を叩くような気持ちで、

「人生は、一回しかないんだ。それに、人生はぼくが思っているより、何倍も短いんだ。だから、やると決めたことをちゃんとやらなきゃいけないんだ」

と、自分にいい聞かせた。

そして、ひとりで歩いているときに、前後に人がいないことを確認してから、ウォー、と大声で叫んだ。

人生は本当に短いのだ。

ケンがいなくなって、ぼくは、そのことばかりをいつも考えるのだった。

お前は形から入るよな

叔父と叔母のために、本をつくる。

それをちゃんとやり遂げることができれば、死別のかなしみのなかにいる、ほかの人の力にもなれるのではないか、と思った。

そのためには、ただ「本」という「物」をつくるだけでは不十分で、読み手のこころに添うような、「いい本」をつくらなければならないと思った。

けれど、繰り返しになるが、ぼくは編集をこれまで一度もやったことがなかった。編集をしている人の背中を何度も見たことはあったが、興味がなかったので、なにも見てこなかった。

「お前は形から入るよな」

ぼくは、友人から何度となくそういわれたことがある。否定はできない。本当のことだからである。

大学四年生の夏に、ぼくは、大学の小説コンクールで一等をとり、そのことを直接のきっかけとして、就職活動をやめた。作家になろう、と思った。

二二歳のぼくが、そうして最初に取り組んだのは、煙草を吸い、コーヒーを飲みはじめることだった。作家を目指す人間はそうしなきゃいけない、と信じたのである。

そのころ、校内で配布されていた大学新聞には、ぼくの小説が載り、ぼくの顔写真も載っていた。ぼくは、大学にいるみんなが、そのことを知っているように思い、毎日深刻な顔をつくって、煙草をくわえながら、紙コップのコーヒーを飲んでいた。

すると、忘れもしない、ふたりの女の子がベンチに座るぼくの目の前を通りすぎたあとに、

「新聞に載ってる小説を書いた人だよ。やっぱり、煙草を吸って、コーヒー飲むんだね」

といった。

ぼくはうれしくて、顔が真っ赤になった。

なにをいいたいのかというと、ぼくは「いい本」をつくるのだから、そのためにまず、ちゃんとした出版社をつくろうと思った。具体的なことはなにも決まっていないのだが、とりあえず、形から入ることにした。

まずは、会社の名前。次に、デザインやイラストなど仕事を依頼するときに信頼してもらえるよう、会社の形式を株式会社にしようと思った。あとは、細かいことだけれども、本を流通させるために、「ＩＳＢＮ（本の裏にバーコードとともに記してある番号である）」を取得しなければならなかった。

すべてがとても難しいことのように思えたが、インターネットで問い合わせ先を調べ、電話をすると、わからないことのほとんどがわかった。出版社をつくることは、ぼくが想像していたより何倍も簡単なのだった。

多少苦労したのは、事務所探しだけだった。というのも、株式会社をつくるには登記のための住所が必要であり、そのためには、新しく事務所を借りなければいけないのだった（ぼくの実家は住居専用の賃貸物件であり、登記できなかった）。

事務所専用の物件は、どれも高かった。ぼくが支払えるくらいの家賃の物件は、ほとんどが住居専用の物件であり、株式会社の「本店」として登記することを許してくれなかった。

それに、場所もどこでもいいというわけではなかった。たとえば、ぼくがかつて暮らしたところを例にとると、「和泉多摩川《いずみたまがわ》の出版社」では、なんとなく、ダメそうな気がするし、「登戸《のぼりと》の出版社」だと、ローカルな匂いが強すぎるように思うのである。

ぼくは、神保町の物件を見て、次に吉祥寺の物件を見てまわった。前者は出版社の住所として由緒ある場所だからであるが、吉祥寺を見てまわったのは、ただ単に、「吉祥寺の出版社」という響きがよかったからにすぎなかった。

ぼくは、ふたつの土地を比較して、老若男女が町の流れをつくっている吉祥寺のほうが、物をつくったり考えたりするのには適当なのではないか、と思った。それに、実家から通うことを考えると、交通費が安かった。

幸運なことに、駅から近い分譲マンションが事務所としても利用できたので、ぼくは、すぐにそこを借りることに決めた。

会社の名前は、いろいろと考えて、「夏葉社《なつはしや》」にした。

毎日、口にするだろう社名は、すこしでもいいから、室戸と、ケンとつながっているものがよかった。

ぼくは、山に覆われた室戸の町を目に浮かべ、それで「夏」の「葉」とつけた。

幼いころ、ふたりで駆けまわった、夏の日々。

背の低い山々が、いつでも、ぼくとケンの背の向こうにあり、振り返ると、無数の濃い緑の葉の上に、真っ白な光がたくさん散っているのだった。

吉祥寺のひとり出版社

分譲マンションの一室を借り、法人の登記をしたら、おおよそ一〇〇万円がなくなった。計算すれば、そのようになるのだが、振り込んでみると、計算通りちゃんと一〇〇万円がなくなっていて、びっくりした。

ぼくには父から借りた二〇〇万円のほか、貯金が二〇〇万円あった。予定はなかったが、将来の結婚のためにコツコツ貯めておいたのだった。ぼくは躊躇《ちゅうちょ》することなく、それも全部つぎ込んだ。

はじめに考えていたより、かなり遅れてしまったが、ぼくは、二〇〇九年の九月一日に、資本金三〇〇万円で、株式会社夏葉社をはじめた。

さっそく、文芸部の友人たちに、会社を立ち上げたことを連絡した。いつでも遊びに来てよ、とメールに書いた。

吉祥寺に自分の居場所があるということが、なによりうれしかった。ただそれだけで、苦境から脱することができたような気持ちがした。

近所の家具屋さんで、テーブルなどの備品を買い、「アスクル」へ、クリアファイルや、ボールペンなどを発注した。

インターネットの申し込み欄に、「株式会社夏葉社」と記入できることがうれしく、そのたびに頬がゆるんだ。

領収書をもらうときも、うれしかった。「夏の葉っぱと書いて夏葉社といいます。マエカブです」と店員さんに説明していると、感きわまって、声が上《うわ》ずるのだった。

自宅からパソコンとソファを持ち込み、電話とFAXを兼ねたプリンターを買って、回線も契約すると、もう準備はすべて整っているのだった。出版社をやっていくのに不足しているものは、なにひとつなかった。

ぼくは最初に、オート・タイマーで、事務所にいる自分の写真を撮り、それを叔父と叔母に送った。

次に、「ホームページ・ビルダー」という素人向けのパソコンソフトを吉祥寺のヨドバシカメラで買ってきて、一週間かけて、会社のホームページをつくった。

本当であれば、プロに依頼すべきだったのだが、それだけのお金がなかった。

「夏葉社は一万人、一〇万人の読者のためにではなく、具体的なひとりの読者のために、本を作っていきたいと考えています。マーケティングとかではなく、まだ見ぬ読者とかでもなく、いま生活をしている、都市の、海辺の、山間の、ひとりの読者が何度も読み返してくれるような本を作り続けていくことが、小社の目的です。どうぞ、末永いおつきあいのほど、よろしくお願いいたします。」

ぼくは、四苦八苦しながら、ホームページの会社の紹介文に、そう書いた。われながら、よく書けたと思った。

けれど、そこから、すべきことを見つけられなかった。

一編の詩で一冊の本をつくることは決めていたが、どこから手をつけていいのか、まったくわからなかった。会社をはじめる前にしっかりと準備をすべきだったのだが、会社をつくることばかりに気をとられ、なにも考えてこなかった。

ぼくは、毎日、朝一〇時に吉祥寺の事務所へと通い、一二時になると、お昼を食べに外へ出かけた。そして、一時間しっかり休みをとってから、ふたたび一九時までパソコンに向かった。

そのころは、会社のブログをまめに更新していた。ほかにやるべきこと、考えるべきことはたくさんあったはずなのに、そこから逃げ出して、文章を書くことに日々没頭していた。

いま、そのブログを読み返してみると、自分の馬鹿さ加減に腹が立ってくる。お前にはもっとすべきことがあるだろう、と後ろから頭をはたきたくなる。

「二〇〇九年九月四日

昨晩、奇妙な夢を見ました。

ぼくは場末の居酒屋であぐらを掻き、有名なお笑い芸人や、作家さんとともにお酒を飲んでいました。

そこへ、ひとりのマッチ売りの少年がやってきました。

少年は美しく整った顔で、そして、如才《じょさい》ないという表現がぴったりとくるような軽妙なトークで、著名人たちと対等に会話しはじめました。

ぼくはそれまでそんな少年を見たことがありませんでしたから（なにしろ彼はまだ一二、三歳くらいなのです）、お酒を飲むのも忘れて、じっと彼の一挙手一投足を見つめていました。普通なら背伸びにしか見えない大人顔負けの冗談や、追従笑《ついしよう》いを、彼はごくごく自然にこなすのです。

ぼくは、こころの底から感心し、少年が店を出るやいなや、店長に、あの少年は何者なのか、と尋ねました。店長は、いたって満足そうに、

「あれはのちの棋図《うめず》かずおさんなんですよ」

とこたえました。

なるほどねえ、やっぱり天才は子供のころから違うんだ。

ぼくは納得して、またお酒を飲みはじめました。」

はじめての仕事

Sさんという、年上の編集者がいて、ぼくを気にかけてくれていて、ワインとグラスをもって、事務所に遊びに来てくれた。

「毎日、なにをしてるの？」と聞くから、正直に「ネットを見たりしています」とこ

たえた。

「なに見てるの?」

「YouTubeとかヤフオクとか……これ、買いました」

ぼくはそういって、事務所の奥に隠していた、ちばあきおの『キャプテン』のフィギュアをSさんに見せた。

Sさんは、「馬鹿だなあ」と笑って、「暇そうだから、なにか仕事まわしてあげるよ」といった。

ぼくは、「いや、編集したことがないから、迷惑をかけるので」と断った。

「島田くんがやったものをそのまま入稿しないって。ちゃんと俺が見るから」

Sさんはそういって、翌週、本当に仕事をもってきてくれた。

ここはこうやって、こういうふうに直したいところはこの記号を使って……といって、Sさんは、ビジネス書の原稿をぼくに見せて、仕事の中身を説明した。要するに、まだ整っていない原稿のおかしなところをチェックし、「言う」と「いう」など、表記がバラバラな箇所を、統一して直す仕事だった。

「ありがとうございます。がんばります」

ぼくは頭を下げて、Sさんにお礼をいった。

生まれて初めてやる、編集の仕事だった。

ぼくは、まずはじめに、近くの書店で編集の基礎がわかる本を数冊買ってきた。そして、それらの本を確認しながら、Sさんに教えてもらったとおりに、原稿に赤字を入れていった。

あきらかに間違っているところはボールペンの赤で、間違っているかどうかわからないところは鉛筆で、「この表記大丈夫ですか？」などと書き込み、期日どおり、Sさんに提出した。

Sさんは、ぼくの目の前でざっと原稿を見て、「島田くん、ここはこうじゃない」とか、「ここ、抜けてるよ」とか、いろんなことを手取り足取り教えてくれた。

ぼくは、「すいません。勉強になります」と繰り返して、いわれたことを必死に覚えた。

「じゃあ、次はこれできる？」

Sさんは、また違う仕事をぼくにくれた。今度は録音されたインタビューを書き起こす仕事だった。

「できると思います」

「今週中なんだけど」

「大丈夫です」

もちろん、書き起こしなんてやったことがなかった。ただ耳から聞いたものを、そのままパソコンに打ち込むだけだと思った。

けれど、これが思いのほか大変だった。自分がインタビューをしていれば、どこがポイントで、なにが枝葉末節《しようまっせつ》なのかがわかる。けれどそうでないと、一言一句、すべての言葉に耳を澄ませなければならない。

ぼくは、自信がなかったから、同じ会話を一〇回以上聞き、語尾のニュアンスもすべて聞き取って、パソコンにひたすら打ち込んだ。

収録されていたインタビューは、たしか三時間ほどだった。ぼくはそれを活字にするのに、まる三日かかった。しかも、三日目は徹夜だった。

「できあがりました」

カラスが鳴く朝の七時に、Sさんにメールをした。

出版社をやるのは大変だ。

ぼくはそう思いながら、駅前の松屋で牛丼を食べた。

Sさんは、それからも、ちょくちょくぼくに仕事をくれた。会社を立ち上げたばかりのころに、ぼくが仕事を通して人と会い、話すのは、Sさんだけなのだった。いまにして思えば、素人のぼくが赤字を入れた原稿なんて、なんの役にも立たないのである。Sさんからしてみれば、ぼくの赤字をチェックする時間と、ぼくの手を経ずにいちから原稿に赤字を入れる時間は、まったく同じか、むしろ、後者のほうが早いと思うのである。

それなのに、Sさんは、独立したばかりのぼくが失敗すると思って、編集という仕事がどういうことなのかを、ぼくに教えてくれた。

ぼくは、いまも、本ができあがるたびに、Sさんに本を届けている。Sさんは、ぼくがつくった本を手にとり、パラパラとめくって、「よくできたね。いいじゃん」といってくれる。

ぼくは、Sさんに感謝しているので、ずっと、自分がつくった本を届けるつもりなのである。

さあ、どうしよう

起業して一ヶ月が経ち、一〇月になると、さすがにあせってきた。

ぼくは、九月三〇日の月末に、資本金三〇〇万円のなかから、家賃の八万円と、自分の給料の一〇万円を振り込んだ。備品などもいろいろと買っていたから、なにもしていないのに、残りのお金は約二七〇万円になった。

Sさんが仕事をくれているといっても、入ってくるお金は、大きな額ではなかった。当たり前のことだが、ぼくが運営しているのは出版社なので、本をつくって、それを本屋さんに卸《おろ》さない限り、お金はどこまでも減っていくばかりなのだった。

一編の詩で本をつくる。

さて、どうしよう、と思った。

詩は四二行しかなく、無理をしないでも、A4の紙一枚にすべてが収まった。それを、わざわざ一冊の本に仕立てたいというのは、本という「物」に対する愛着ゆえだった。

本にさわる。本をめくる。本を置く。それだけで、気持ちが落ちつく。

以前雑誌で、赤ん坊は本をめくるのが楽しいのだと書いてあったのを見た。ぼくももしかしたら、そうなのかもしれなかった。本をひらき、視線を落とし、ページを一枚、一枚、めくっていく。すると、なんというか、こころがゆっくりと暗くなっていく。それは、かなしいというような意味ではなくて、活字の世界に入り込み、集中して、いつの間にか、文章の一本の線しか見えなくなってしまうというような、そんな現象的な「暗さ」だ。音も聞こえなくなって、頭のなかは本の内容でいっぱいで、けれど、ページをめくったときに、一瞬、まばゆい光が射し込んでくるような気持ちがする。

かなしんでいる人に、言葉を届けたいというのとはまた違った。むしろ、言葉では全然足りなかった。読まなくても、テーブルのうえに、ベッドの脇に、置いておくだけでいい。そんな本を、ぼくはつくっていきたかった。

イメージしていたのは、詩と、イラストの本だった。詩と写真では、明るすぎた。ぼくが経験した死別とは、美しいものではなく、途方もないくらいに、暗いものだった。同時に、息もできないくらい、ヒリヒリとしたものだった。だとすれば、ぼくのつくる本は、死別のかなしみを押し出すのではなく、美化するのでもなく、それに、そっと寄り添ってくれるものであるべきだった。

けれど、そんな本を、どうやってつくったらいいのか?

ぼくは、吉祥寺にあるたくさんの本屋さん、古本屋さん、図書館を訪ねてまわり、ヒントになるような本を探した。中身を読むのではなく、たたずまいとして気持ちが落ちつくような本はないかと、さまざまなジャンルの棚を目を凝らして眺めた。けれど、ぼくが思い描いていたような本は見つからなかった。

このままでは時間ばかりが過ぎていってしまう。あせりはじめたぼくは、中身よりも、まず周辺からつくっていこうと思い、タイトルを考えはじめた。

そもそも、この詩にはタイトルというものがなかった。「死はなんでもないものです」という一行目をそのままとって、海外では“Death is nothing at all”という名前で呼ばれていることは知っていたが、そのままのタイトルでは宗教じみていて、だれも手にとってくれないだろう、と思った。

では、どんなタイトルがいいのだろう? ぼくは、ひねもす机のうえで考えたが、まったく浮かんでこなかった。

このままではまずい。ぼくは段どりを変えて、今度は「あとがき」を書きはじめた。

本の形はまったく見えていなかったが、従兄のこと、叔父と叔母とのことを、こころをこめて、すこしずつ文章にしていった。

この作業はうまくいくかのように見えたが、私的なこととは別に、この詩がいったいどういう詩なのか（つまり、どういう背景でつくられ、また、作者の母国であるイギリスでどういうふうに読まれているのか）を説明する段になると、途端に言葉に詰まった。

作者であるヘンリー・スコット・ホランドのことは、図書館ですでに調べてあった。ぼくは事務所にこもり、毎日、インターネットで“Death is nothing at all”について検索をした。

けれど、だめであった。そこにはもしかしたら、大切なことが記してあったのかもしれなかったが、ぼくの乏《とぼ》しい語学力では、必要な情報を読みとることができなかった。

そして、あるとき、思いついた。調べてわからないのであれば、直接、現地の人に聞けばいいのだ。それこそが、インターネットの本来の使い道であり、本来の可能性なのだ。

ぼくは、たっぷりと時間をかけて、英語で質問文を綴り、イギリスの「ヤフー知恵袋」のような質問サイトで、左記のように回答を募集した。

「はじめまして。日本で出版社を営む者です。ヘンリー・スコット・ホランドという神学者が書いた“Death is nothing at all”という詩を出版したく、現在準備中です。つきましては、この詩が、作者の母国において、どれだけの知名度を持ち、どれだけいまも愛されているかを知りたく、ご質問させていただきました。拙《つたな》い英語で本当に申し訳ありませんが、ご回答いただけると、うれしいです」

すると、五分も経たずに、現地の人から回答があった。

「ぼくはその作者のことも、詩のことも知らないけれど、きみの英語はきみが思っているより悪くないよ」

結局、一ヶ月近く、本の制作は進行しなかった。

高橋和枝さん

ぼくは、自宅の本棚で、詩のイラストの参考になるような本を探していた。

求めているものが見つからないときは、「半径三メートル」のなかで探すのがいいと、かつて宮崎駿《はやお》監督がテレビでいっていた。ぼくは、その言葉が好きだった。

いいアイディアがなにも思いつかないときは、自分がこれまでかかわってきたもの、夢中になっていたものを、思い出すことのほうがいい。それ以外のものは、たいてい付け焼き刃にしかならない。これは、小説を書くときに、恩師が教えてくれたことでもある。

ぼくは、一時期はまっていた児童文学の数少ない蔵書のなかから、『ノーラ、12歳の秋』を見つけた。

この本は、小峰書店から二〇〇二年に刊行されたスウェーデンの児童文学だった。

久しぶりにページをひらくと、物語の筋よりも、挿絵のほうに記憶が刺激された。高橋和枝さんというイラストレーターによる、自信なさげで、けれど、強い意志を感じるモノクロの線画は、ぼくが探している絵とどこかが重なっていた。

次の日、さっそく、武蔵野市立中央図書館へ行き、検索機で本の場所を調べて、高橋さんが挿絵を手がけている本を、棚から一冊一冊抜いていった。

本によって、絵のタッチは多少異なっていたが、ポプラ社から刊行されていた『きれいなココロとカラダって?』という思春期向きの読み物に、「あっ!」と思った。

そこに描かれていた絵こそ、まさに、ぼくが求めていた絵だった。

ぼくはその本を借りて、いそいで事務所に帰った。

そして、高橋さんのイラストをコピーし、そこに、プリントアウトして切り抜いた詩の言葉を、糊《のり》でひとつずつ貼っていった。

とてもよかった。

言葉とイラストが響き合っていた。

インターネットで検索してみると、高橋さんは、ブログをやっていらした。ブログを通して、高橋さんにメールを送ることもできた。

さて、どうしよう、と思った。

本を一冊も刊行していない、本当の意味で「無名」の出版社の仕事を高橋さんが引き受けてくれるかどうか、自信がなかった。

とはいえ、迷っていても仕方がないのだった。ぼくはとにかく、本当のことを書こうと思った。

ぼくは従兄を亡くし、高橋さんの絵がとてもいいと思う。この"Death is nothing at all"に高橋さんが絵を描いてくださったら、きっと、すばらしい本になる。ぼくはその本を叔父と叔母に捧げたい。できたら、親しい人を亡くした人たちにも贈りたい。

必要なのは、正確な言葉と、それとお金でもあった。

ぼくは、一冊の本に絵を描いてもらうために、作家にいくら支払えばいいのかが、まったくわからなかった。知り合いに聞こうと思えば聞くこともできたが、それよりも、これは気持ちの問題なのだった。ぼくは、いま支払えるめいっぱいの金額を高橋さんに提案しなければ、と思った。

ひとり出版社だから、お金がないから、といって、人に甘えるのはいやだった。ひとりでやっているからこそ、お金の支払いだけはきちんとしよう、と思った。

ぼくは、メールの言葉や金額をさんざんに逡巡して、高橋さんにお願いしようと決めた二日後に、「えい！」とメールを送った。

翌々日、高橋さんから「検討いたします」と返事が返ってきた。そして、そこには、

「まずはお会いしてお話をお聞かせください」と書いてあった。

とてもうれしかったが、それよりも緊張のほうが先に立った。

いよいよだ。

ほんとうに本をつくるのだ、と思った。

ぼくは時間をかけて、高橋さんにメールの返信をし、打ち合わせの日時の希望を伝えた。

転職活動の面接のとき以来のスーツだった。ぼくは新宿駅のトイレで自分の身だしなみを何度も確認し、約束の時間の二〇分前に、喫茶店の前で高橋さんを待った。

プロの作家と打ち合わせるのも、喫茶店で仕事の相談をするのも、はじめての経験だった。緊張して、脇から汗が滴《したた》り、秋なのにすごく寒く感じた。

定刻通りに、高橋さんはやってきた。ぼくと同じくらいの年齢のおしゃれな女性で、ちょこんと頭を下げて、「高橋です」といった。

「島田です」ぼくも頭を下げた。

ぼくは、喫茶店の角の席で、自分のこれまでの経歴と、なぜこの詩を一冊の本にしたいかを一所懸命しゃべった。途中で酸欠になりそうなくらい、夢中でしゃべった。

高橋さんは、質問をはさむことなく、真剣な顔で聞いていた。

そして、最終的に高橋さんがどうこたえられたのかはまったく覚えていないが、高橋さんは、ぼくの願いを聞き入れてくれた。

「自信はないけど、やってみます」

そんなようなことをおっしゃった。

それで、なにも知らないぼくは、早ければ再来月の二月くらいには本ができるのだ、と思った。

島田くんなら大丈夫

高橋さんとお会いするすこし前に、青山ブックセンター本店のデザイン書売り場で、ブルーノ・ムナーリの『ムナーリのことば』（平凡社、二〇〇九年）というB6判の薄い本を見つけ、ぼくがこれからつくる詩の本も、こういう感じにしたいと思った。

それはただ、たたずまいということだけだった。装丁の雰囲気や、本の厚さや、手に持ったときの感じ。

いまでも、変わらない。会社をつくってからもうすぐ五年が経とうとしているが、ぼくは、本づくりに関してなにも学んでいない。だれかがつくった本に刺激を受け、ぼんやりとあんな感じの本をつくりたいと思う。より正確にいうと、あんな感じの本をつくって、自分の書棚に並べてみたい、と思う。

その意味では、本屋さんがぼくにとっての学校だ。店内をさまよい歩き、フラフラといろんなジャンルの本を見て、こういう本がいいなとか、この本は惜しいなとか、そんなことをつらつらと考える。

気になるのは、できたばかりの新刊よりも、いつも書棚の片隅にある定番の本。流行に屈することなく、一〇年、二〇年と、変わらずに並んでいるいくつかの本。そこには、もちろん内容のすばらしさというのがあるのだが、その内容に見合った本の形というものがある。

たとえば、古本屋さんへ行くと、むかしの文豪たちの本が、おしなべて美しいことに気づく。それは作家の美意識という以上に、編集者が、出版社が、尊敬する作家に相応《ふさわ》しい本の形を用意したからだと思う。

「島田さん、これ知ってる?」

懇意の古本屋さんが、棚の奥から、三島由紀夫や、井伏鱒二《いぶせますじ》の初版本を持ってきて、見せてくれる。

ぼくは、それを手に取って、ああ、すごいと思う。

それは、物の美しさであると同時に、作家への尊敬の眼差しであるように思う。その眼差しが、五〇年経っても、読者に伝わることを、すごいと感じる。

ぼくも、いつかこんな本をつくれたら、と思う。

話をもとに戻す。

『ムナーリのことば』に刺激を受けたぼくは、高橋和枝さんとの最初の打ち合わせのとき、この本を高橋さんにも見せた。そして、こういう感じの本をつくりたい、と話した。

高橋さんも、きれいな本ですね、といった。

そうですよね！　うれしくなったぼくは、自分のつくりたいものが、相手にすっかり伝わったと思った。それでほとんど、自分の仕事が終わったくらいに思っていた。

エクセルで会社の収支計画をたてると、来年の四月ぐらいには、もう、会社のお金が底をつくのだった。

最初に用意した資本金が三〇〇〇万円で、なにもしていなくても、給料と家賃と雑費で、毎月二〇万円がなくなっていった。

ぼくは、本をつくる費用を大雑把に、一二〇万円から一五〇万円と見積もっていて、以上のことを計算すると(エクセルを使う必要もない。小学生にもできる計算だ)、本を無事出せたとしても、来年の四月、おそくとも、来年の六月には、三〇〇万円が全部なくなる。それを回避するためには、つまり、夏葉社を続けていくためには、一日も早く、詩とイラストの本を刊行し、売り上げを立てる必要があった。

けれど、そのころのぼくは、すべてを楽観視していた。高橋さんは絵を描いてくれることを引き受けてくれたし、『ムナーリのことば』もいいといってくれたのだから、早ければもうすぐ本を出せる。遅くても、来年の一月には刊行できるだろう、と思っていた。

打ち合わせをした一週間後に、ぼくは、「いつごろできそうですか?」と高橋さんにメールをした。

けれど、高橋さんからかえってきた返事は、まだまだできそうにない、というものだった。

一月には本を出したいんですけれど、とさらにメールを出すと、さすがにそのスケジュールでは無理です、もっと時間が必要です、と返事が戻ってきた。

そのメールを見て、ようやく、あせってきた。

このままだと間違いなく、資金は底をつく。本を一冊も出さないうちに、夏葉社はつぶれてしまう。

ぼくは毎朝、会社に来ると、エクセルでつくった会社の収支計画を一時間も、二時間も眺めた。そして、ただただ、胃がキューッとしまっていくような不安に苛《さいな》まれ続けた。

どうしたら、このピンチを乗り越えられるのだろう。

どうしたら、会社を継続できるのだろう。

けれど、いくら考えても、思いつくのはただひとつのことだった。

ふだんの生活では、毎日二九〇円の牛丼を食べ、パンも一三〇円より高いパンは買わないと決めているのに、ぼくはふたたび、一〇〇〇万円単位で人からお金を借りなければならない……。

自分の無能さ加減が恥ずかしかった。両親に対して、ぼくの活動を期待してくれている叔父と叔母に対して、情けないと思った。

「島田くんなら大丈夫」

そういってくれる人がいれば、ぼくは、気持ちを立て直すこともできただろう。けれど、編集をやったこともないし、会社を経営したこともない人間に対して、「大丈夫だよ」といってくれる人がいたら、その人は、ただ優しいだけの人なのだ。

仕事ってなんだ

二〇代のころは、小説を書きながら、いろんなアルバイトをしていた。といっても、めずらしい仕事をしていたわけではない。コンビニや、牛丼屋や、ファストフード店や、レンタルビデオ店。いたってよくある種類のアルバイトばかりをこなしてきた。

ぼくは、アルバイトが好きだった。決められた仕事を時間通りにこなしながら、お客さんに愛想よく接客することを、自らのよろこびとしていた。

文芸部の後輩は、「いらっしゃいませ」と笑顔で挨拶するぼくを見て、「いつもと違う。気持ちが悪い」といった。

でも、ぼくはただ単純に、ふて腐《くさ》れた態度で仕事をする人間が嫌いだったのだ。だから、自分が働いているときは、できるかぎりみんなに愛想よくしていたかったのだ。

コンビニの深夜勤務をしていたときは、月に一二万円くらいの給料をもらっていた。

朝八時に引き継ぎのための肉まんとおでんを補充し、タイムカードを押して、店の外に出ると、朝の光がまぶしく、空気が肺の奥にまで入り込んでくるような清々しい気持ちがした。

ぼくは、出勤する人たちとは逆方向に自転車を走らせ、静まりかえったアパートに帰った。そして、眠たい目をこすりながら歯を磨き、カーテンを閉め切って、夕方まで眠った。

なにをいいたいのかというと、ぼくは、会社のお金がなくなったら、またコンビニでアルバイトをすればいいや、と思うようになった。

幸いなことに、夏葉社にはぼくひとりしか働き手はいないし、ぼくが深夜のコンビニでおでんを補充していたところで、だれに迷惑をかけるということでもない。それにいまなら、むかしより効率的に働ける気がしたし、元気だけが取り柄だった二〇代のころとは変わって、もっと店のことを考えて働ける気がした。さらにいえば、仕事を一所懸命やっていれば、もしかしたら、コンビニのオーナーから「社員にならないか?」と声がかかるかもしれない、とも思った。

そう考えると、気持ちがだいぶ楽になった。

ぼくは、会社の近くにあるコンビニに行くたびに、アルバイトを募集していないかを確認し、実際、募集がかかっていると、二〇代のころと同じように、だれがオーナーで、だれがアルバイトの実質的なリーダーなのかを見きわめようとした。

「なにをやりたいかは、それほど重要じゃないんだよ」

　むかし、行きつけの美容院のお兄さんがそういっていた。

「それよりも、だれと仕事をするかのほうが、よっぽど重要なんだ」

　仕事とはなんだろう、と考えるたびに、ぼくはそのお兄さんの言葉を思い出す。

　お兄さんは、奥さんとふたりで、美容院を経営していた。いつ行ってもふたりは仲がよくて、お兄さんはぼくの髪を切りながら、一言二言、奥さんと仕事のやりとりを交わす。奥さんは奥さんで、別のお客さんの髪をサクサクと切りながら、簡単に言葉をかえす。そこには、阿吽《あうん》の呼吸という言葉では足りないくらいの、あたたかなコミュニケーションがあった。

「仕事が終わったら、いつもなにしてるんですか？」

　ぼくが聞くと、

「ビール飲んで、音楽を聴いてるねえ」とその人は笑う。「島田くんはもう小説書いてないの？」

「才能がなかったんです」ぼくは苦笑しながらこたえる。「それよりも、さっきの話。なにをやりたいかより、だれとやるかって話」

「つまらないやつと仕事を一緒にしていると、共倒れになっちゃうんだよ。ひとりでできるはずの仕事もできなくなっちゃうんだよ」

「そんなものですか」

「本当に好きな人とだったら、焼き芋を売っていても楽しいはずだよ」

「そうですか……」

ぼくは、当時好きだった人と、煙突のついた軽トラックを運転しながら、焼き芋を売る自分の姿を想像する。

それは、たしかに、とても楽しそうなのである。

ぼくは、もしケンが生きていたなら、ケンと一緒に仕事をしてみたいと思う。

ケンもぼくも馬鹿で、先のことはあまり考えずに、場当たり的にしか行動できないタイプだったから、仕事の選択肢はほとんどなかっただろう。

けれど、どんな仕事だっていいのだ。ケンと一緒に働き、生活するのにやっとのお金を稼げれば、それがぼくにとっての幸せなのだ。

「売れんねえ」

たとえば、ぼくたちはスーパーの駐車場の隅で、ケンが好きだったクレープを売っている。ないしは、ぼくが好きなたい焼きを売っている。

「ジュン、缶コーヒー飲む？」

ケンがクレープの生地を焼きながらいう。

「ええわ。ぼくが買《こ》うてきちゃら」

ぼくはこたえる。

「かまな。あんたのほうが今日は仕事しちょったき、ええわ」

「あんたのほうが今日は仕事しちょったき、おごるわ」

結局、ふたりで自動販売機の前に立つ。

「今日はもう店閉めよか？」

ぼくがケンにいう。

「もうちっとば、やろや」

「そやね」

それは、叶えられなかった、ぼくの夢である。

ぼくはひとりで仕事をしているが、いつもこころのどこかに、ケンの姿を感じている。

その名にちなんで

潤一郎《じゅんいちろう》という名前は、谷崎潤一郎からとった、と母から聞いた。

本当は父が好きだった吉行淳之介《よしゆきじゅんのすけ》の名をとって、淳之介という名前にしたかったけれど、画数が悪いといわれ、それで潤一郎にしたらしい。

この名前のおかげで、ぼくは子どものころから、文学に親しんでいる気持ちを持った。人に自分の名前を説明するときは、必ず谷崎の名前を出した。

父も母も、本を読む人だった。けれど、ぼくは恥ずかしいことに、大学に入るまでは、一般的に「文学」といわれているような作品は、一冊も読んだことがなかった。

高校生までのぼくは、古いロックとマンガに夢中だった。四六時中、ウォークマンでビートルズとキンクスを聴き、何度も何度も、横山光輝《みつてる》の『三国志』と、ちばあきおの『キャプテン』を読み返した。

すべてが変わったのは、一九歳の夏だ。

ぼくはそのころ、父の勧めで、日本大学商学部の会計学科に進学し、公認会計士を目指して、毎日猛勉強をしていた。大学が夏休みに入っても、外に出ることもほとんどしないで、朝から晩まで机に向かっていた。それくらい努力をしないと、目標にしていた簿記一級の合格は難しかったのだった(ちなみに簿記二級は夏休み前に取得していた)。

ぼくは、家のなかで勉強を続けているうちに、だんだんとノイローゼ気味になった。クーラーの効いた部屋で、やたらと汗をかくようになり、正午過ぎくらいになると、言葉にできない不安でじっとしていられなくなってきた。

そしてある日、NHKで、一日三〇キロを駆けるようにして歩く密教の荒行《あらぎょう》、「千日回峰《せんにちかいほう》」のドキュメンタリーを見て、こころが爆《は》ぜてしまった。

「会計学なんかくだらない。ぼくも出家しよう」と影響を受けて、次の日にハサミで自分の髪を刈った。大学をやめ、俗世を捨てて、寺に入るつもりだった。

虎刈《とらがり》になったぼくを見て、母は、「育て方を誤った」と泣いた。

ぼくは、ときどき判断を間違えるが、ここまで大きく間違えたのは、おそらく、このときだけだと思う。

大学では、ちゃんと勉強をしたかった。遊ぶのではなく、バイトをするのでもなく、四年間、なにかに真剣に打ち込みたかった。その意気込みのまま、ぼくは会計学にこころも身体も捧げたが、五ヶ月で耐えきれなくなった。

では、いったいなにを勉強すればいいのだろう？　ぼくは藁《わら》にもすがる思いで、文学を勉強してみようと思った。本を一冊も読んでいないのに、ただ「潤一郎」という名前の導くままに、そう決めた。

なにかに急かされるように、一九歳のぼくは、夏のうだるような暑さのなか、近所の本屋さんへ本を買いに行った。一〇坪ほどの小さな本屋さんだった。ぼくはそこで、ヘッセの『車輪の下』や、トルストイの『光あるうち光の中を歩め』など、そのときの心情に合いそうな文庫を五、六冊買って、部屋で寝転びながら読んだ。

そして、なんというか、人生をいちから歩み直しているような感動にとらわれて、恍惚《こうこつ》となった。ここには、ぼくが学びたいと思うことがすべてあるような気がした。

鬱屈《うっくつ》した時期を過ぎ、同級生たちより二週間ほど遅れて夏休み明けの大学に通うようになると、ぼくは、放課後に独学で文学の勉強をはじめた。

電卓を打ち、財務諸表をつくったりして会計学の勉強をする同級生たちを横目に、小林秀雄や、大江健三郎などの文庫本を持って、大学の図書館にこもった。

けれど、それまで文芸書を読んでこなかった者にとって、読書はそんなに易《やさ》しいものではなかった。ぼくは一〇ページも読むと、とたんに読書に疲れて、その代わりに、図書館に並んでいた大判の「西洋美術全集」を眺めたりした。読書が進まないのだったら、せめて、なるだけ文学に近いものに接していようと思った。そのころのぼくは、一八時までは机に向かうと決めていたので、セザンヌや、マティスの絵を観ながら、毎日図書館の窓際の席で、夕陽が沈むのを待った。

秋になると、文芸部に入部しようと思って、それまで一度も足を踏み入れたことのなかった大学のサークル棟を訪ねた。遅々として進まない読書の遅れをとりかえすために、大学の先輩や同級生たちと文学談義をするつもりでいた。けれど、恐る恐る叩いた部室のドアの向こうでは、パッとしない男たちが、夢中になってプレイステーションをやっていた。

たまたまなのだろう。そう思って、文芸部の部室に何度も顔を出したが、来る日も来る日も、だれかが一四インチのテレビに向かって、熱心にコントローラーを動かしているだけだった。

人見知りで、友だちもほとんどおらず、本も読めなかったぼくだったが、そのころは、人生のすべてにたいして焦燥感をいだいていた。ぼくは先輩たちに、ゲームなんかやめましょう、もっと文芸に打ち込みましょう、と顔を赤くして訴えた。

すると、島田はめずらしくやる気のあるやつだ、と認められるようになり、先輩たちは、「あれを読め」、「これは読んでおいたほうがいい」といって、それぞれのお気に入りの文芸書をぼくに勧めてくれた。

ぼくは、先輩たちと文学の話をしたいがために、それらを買って、ふたたび図書館で読書に打ち込みはじめた。

けれど、読書が苦手であることに変わりはなかった。

ぼくは、三〇分も読むと、頭のなかが真っ白になるくらいに疲労を感じるのだった。

ある日、図書館の地下で、先輩に勧められた埴谷雄高《はにやゆたか》の『死霊《しれい》』を読んでいたときだった。

ぼくはあまりのわからなさに気が遠くなり、実際、帰ろうとして席を立ったときに、目眩《めまい》を起こして、バタリと倒れた。

そのときは、自分が倒れた音に驚いて、すぐに立ち上がったが、ぼくにとっては、そのことでさえ誇りであり、たくさんの人に自慢したくなるような、特別なよろこびなのだった。

文学にすべてがあるような気がした

ときどき、文学のどこがいちばん好きなんですか？　と聞かれることがある。聞いてくるのは、文学はつまらない、わからないという人たちである。

純粋に尋ねる人もいれば、暗に「文学はつまらないのに、なんでそんなにこだわるんですか？」という意を持っている人もある。

ぼくにも、よくわからない。尊敬する作家たちの言葉を借りて説明したい気持ちもあるが、それよりも、自分の言葉で文学の魅力を説明したいという思いのほうが強い。

大学生だったぼくが文学に惹かれたのは、文学にはすべてがあるように思えたからだ。

大学で学ぶ学問が細かく専門化していき、実用的なものに吸収されていくのにたいして、文学はいかにもおおらかで、実学とは違う場所で生きている感じがした。死も、恋愛も、青春も、不安も、退屈も、老いも、夕闇のほの暗い感じも、文学ではすべてが大切なテーマとなった。ぼくは、そういうものを勉強したかった。自分の身のまわりのことのすべてが有機的に結びついているような学問に、身を捧げたかった。

いい文章を読むと、「あっ、これは！」と思う。自分の頭のなかにあった言語化されていないなにかが、ここに、文章として再現されていることに感動する。ノートに写して、その文章を何度も読む。それは、映像や音楽などと違って、読んでいる自分と、分かちがたく結びついている。「美しい海」とあれば、それはぼくが見たもっとも「美しい海」と響き合うのであり、「やわらかな頰」とあれば、それはぼくが知っている、もっとも「やわらかな頰」とほとんど同じなのである。

それは、リアリティというのとはすこし違う。本のなかに書かれている文章を通して、読み手は、世界を再体験、ないしは再発見する。そこに描かれているのが、たとえ、フランスの片田舎のできごとだったとしても、一〇〇年前に書かれたフィクションだったとしても、言葉という回路を通るかぎり、読み手は、本のなかの世界を、いつでも自分に引き寄せて考える。これまで経験したことや、思ったことは、あたらしい言葉によってふたたび火を灯され、いままで見てきたたくさんの景色や、いままで出会ってきたたくさんの人のことを、思い出す。それは美しいものだけではない。不安や、嫉妬や、仲違《なかたが》いや、憂鬱《ゆううつ》だった日々さえも、昨日のできごとのように、生々しく思い出す。

重要なのは、そうした体験をもたらしてくれる文章は、決して、読みやすいものばかりではないということだ。しかし、それは、その文章が最大公約数的につくられた、だれにでもすぐに通じるように書かれた文章ではないということだけであって、本質的に読みにくいというのではない。時間を費やして、何度も繰り返し読んでいれば、ほとんどの文章は、自分なりに理解することができる。

つまり、「私」の言葉とはちがう、だれかの言葉を、その文章を、一所懸命、読み続けること。その言葉で、世界をもう一度、体験すること。思い出すこと。それが文学のいちばんの魅力であり、おもしろさなのだと思う。

すばらしい作品を読んだあと、世界は、これまでよりも鮮やかに見える。人々は、よりかけがえのないものとして、この目に映る。

ぼくは、愚直に、文学の読み手が増えれば、世界はもっと豊かになると信じている節《ふし》がある。本当である。文学を読み、自分のことを思い、だれかのことを思うことで、逆説的に、言葉は不要になるのではないか、とすら思う。あの人は『戦争と平和』を読んだんだ。あの人は『こころ』が好きなんだ。それだけで、ぼくには十分なのである。

けれど、文学は読まれなくなった、といわれている。半世紀以上も前から、そういわれている。本当だろうか。むかしから読まれていないだけなのではないか。

いろんな統計を見ると、本を読む人の数は、むかしとは比べられないくらい多いのである。かつては、文学は頭のいい人たちを中心に読まれたが、いまは、ぼくを含めて、もっと多くの人たちに読まれる可能性を秘めているように感じる。若者たちは本を読まなくなった。そう嘆く人は、本当にたくさん本を読んでいる人か、自身が読まなくなった人たちなのではないか。

たしかに、電車のなかでスマートフォンを眺めている人は増えたが、ぼくは、みんなが本を読まなくなったとは感じていない。

「いいや、すくないよ」というならば、ぼくが大学生だった一九九五年も、文学を読む人はすくなかった。

むかしから、ずっと、すくなかった。

った。

『レンブラントの帽子』

詩の本がしばらくできないのであれば、そのあいだに文芸書の復刊をやろう、と思った。

絶版になっていて、手に入りにくくて、たくさんの人に読んでほしい作品がいくつかあった。なかでも、一九七五年に集英社から刊行された、バーナード・マラマッドの「レンブラントの帽子」という短篇が、いつまでもぼくの心に残っていた。

あらすじは、いたって単純なのだ。ある美術学校の教師が、同僚に、「あなたの帽子はレンブラントがかぶっていた帽子みたいで、いいですね」という。けれどそのことを境に、教師はその同僚から避けられるようになってしまう。なぜだろう、と考えてみるのだが、理由がさっぱりわからない。あまりにもわからないので、だんだん腹も立ってくる――「いったい、あの野郎、おれになにをしやがったってんだ?」――けれどある日、教師は自分の小さな過ちを理解し、同僚に謝罪する。同僚は涙を流して、それを受け入れる……。

ぼくは、だれにでも起こりうるすれ違いを描いたこの短い小品こそが、文学の魅力をあますところなく伝えているように思った。

けれど、もちろん、そんなに簡単な話ではないのだった。

実際、ぼくが復刊しようとしたところで、集英社や、著者、翻訳者の遺族たちは、実績もなにもないこのぼくに、復刊を許可してくれるだろうか。

それに、たとえ復刊をしたところで、このような地味な作品が売れるのだろうか。

ぼくには後者のほうが、ずっと不安だった。


必要なのは、おそらく勇気だった。

とりあえずやってみよう、という勇気ではなく、売れなくてもいいんだ、という自棄《やけ》っぱちな勇気でもない。最初は売れないだろうけれど、ずっと我慢し続ける。それを理解する勇気が必要なのだと思った。

つまり、時間はかかるかもしれないが、「レンブラントの帽子」のすばらしさは、いつか必ず、読者に伝わるだろう。すくなくとも、ぼくがこんなに感動しているのだから、ぼくと似たような人は、日本全国に一〇〇〇人はいるはずだ。北海道にも、山形にも、千葉にも、よくわからないけれど、敦賀《つるが》にも、出雲《いずも》にも、唐津にも、宮古島にも、ひとりはいると思う。

五年かかるかもしれないし、一〇年かかるかもしれない。もしかしたら、もっともっと、かかるかもしれない。それでも、いい本であれば、必ず少しずつ売れていくだろう。ぼくは、それをあせらずに、じっと待っていられるだろうか……。すぐに売れなかったからといって、ぼくは、世の中の人たちを恨んだりはしないだろうか……。

本音をいえば、ぼくは、すぐにでも、お金がほしかった。それも、たくさん、たくさん、ほしかった。

そのころのぼくは、前述したとおり、会社を経営するお金にも困りはじめていたし、プライベートでもお金がなかった。本来であれば会社のお金で支払うべき事務用品などの経費を、会社の資金が減ることを恐れて、自分の財布から支払ったりしていた。そしてそのしわ寄せで、ぼくは、大切な本やCDを売ったりしなければならなかった。

ぼくは、買い取り金額を知らされるまでの、あの数分が、数秒が、いやであった。家で本やCDを見繕《みつくろ》って、これで三〇〇〇円くらいになるだろうなどと思って店に持っていくのだが、だいたい、希望の金額には届かないのだった。

ぼくは、どの本が、どのCDが足を引っ張ったのか、店員にみじめたらしく問い合わせるのである。そしてその結果、あんなに好きだったCDが三〇円という査定だったことを知る羽目《はめ》になるのである。

ぼくは、これだけやめます、持って帰ります、といってそのCDを引き取るのだが、出戻りをしたそのCDは、すでに、ぼくの好きだったCDではなくなっている。三〇円と査定されて、そのCDが奏でる音楽までが、三〇円になってしまったように感じている……。

けれど、ぼくは、別にお金がほしくて、出版社をはじめたわけではないのである。もちろん、会社を続けていくためには、相応の資金が必要なのだが、お金が目的となってしまっては、本末転倒になってしまうのである。

ぼくは、ケンが死んで、叔父と叔母のこころを励ましたくて、さらにいえば、自分の人生が一回終わったような気持ちで、開き直って、この会社をはじめた。

だとすれば、たとえ全然売れなくても、自分にとって、意味のある本だけを出版すべきなのだ。

ぼくの人生は、きっと、ぼくが思っているよりずっと短いのだから、ぼくは自分がやりたいことだけに全力を注ぐべきなのだ。

そんなの、当たり前じゃないか。

それに、本当にまったく売れなかったとしたら、またアルバイトをすればいいじゃないか。アルバイト先の同僚をなんとか説得して、『レンブラントの帽子』を一冊ずつ、手売りすればいいじゃないか。

ぼくは、近所のローソンでバイトをする気持ちで、『レンブラントの帽子』の復刊に取り組むことを決めた。

まず、翻訳者の小島信夫、浜本武雄、両先生のご遺族と、井上謙治先生の住所を調べて、手書きの拙い字で、「大好きな作品で、復刊をしたいのです」と手紙を送った。

返事は二週間ほどで届いた――『レンブラントの帽子』は、三五年前に、三人の先生が一緒になって翻訳した友情の証しのような作品であるから、復刊されるのはとてもうれしい、旧版元の集英社がいいというのであれば復刊して問題ない。

ぼくの手元に届いた三つの返事を要約すると、おおよそ、そういった内容のことが書いてあった。

次に、インターネットで検索して、海外の作家との交渉を取り次ぐエージェンシーに、マラマッドの作品を復刊したいのですが、とメールを送った。

これも返事は早かった。転送されてきたマラマッドのご遺族からのメールには、「とてもよさそうですね。進めてください」と、簡潔にそう記してあった。

あとは、集英社だけだった。

勢いづいたぼくは、すぐに手紙を出し、電話をかけ、担当者から了解をとった。

世田谷の現代詩教室

『レンブラントの帽子』の存在を知ったのは、荒川洋治先生の『文学が好き』（旬報社・二〇〇一年）という著作からだった。

なぜ、ぼくが、荒川先生を先生と呼ぶかというと、大学四年生のときに、「世田谷市民大学」という世田谷の住民が受講できる連続講座で、生徒として、先生にお会いしたからだ。

受講者は一二、三名だったと記憶している。松陰《しょういん》神社のすぐ近くの夜の教室で、先生は、詩の読み方をまったくわかっていないぼくに、熱っぽく、現代詩の読み方を教えてくれた。

以来、ぼくは先生のファンになった。新刊が刊行されるたびに、買って読み、その魅力的な散文をとおして、たくさんの作家、詩人たちの名前を知った。

授業では、一度もお話ししたことはなかったが、著作をとおして、一対一でいろんなことを教えてもらっているような気持ちがしていた。

ぼくは、相変わらずなにもわかっていない生徒で、先生は、静かに、ときに厳しい言葉で、文学の、詩の魅力を語り続けた。

先生は、ぼくのこころの恩師であり、日本でいちばん尊敬する作家なのだった。


『レンブラントの帽子』の復刊を決め、出版の権利も問題なく取得できたところで、頭に浮かんだのが先生のことだった。新しい『レンブラントの帽子』の巻末に、先生に、エッセイを書いてもらえたらどれだけいいだろう。

でも、それは夢のような話だから、あきらめなければならない、という気持ちのほうが最初は強かった。けれど、この機会を逃したら、一生お願いすることもないかもしれない、とも思えて、最終的には、熱に浮かれて、ラヴレターを書くような気持ちで、エッセイを書いていただけないでしょうか、と手紙を綴った。

先生は、すぐにお電話をくださった。

世田谷市民大学に通っていたのですね。『レンブラントの帽子』が復刊されるのはうれしいことです。書きます。

電話越しに聞く先生の声はなつかしく、一〇年前の松陰神社での日々と、今日という日が、瞬時につながったような気持ちがした。

その日は、あまりにうれしくて、仕事が手につかず、会社を早退した。

一九七五年に出版された、もともとの『レンブラントの帽子』は、表題作をふくめて八篇の短篇が入った、ボリュームのある短篇集だった。

ぼくは最初から、そのすべてを復刊するのは無理だと思っていた。短篇の質に差があるというのではなかった。単純に、ページ数が多いというだけで、すくなくない読者は、その本を敬遠するだろう、というふうに思った。

ぼくは、熱心な文学ファンに向けてというよりも、文学を読まない人たちに向けて、丁寧に、本をつくっていきたかった。つまり、なにより、文学のファンを増やしたかった。それが、自分の仕事の意義だと思っていた。

文学ファンにこたえるような出版社やレーベルは、「講談社文芸文庫」を挙げるまでもなく、すでにいくつもあった。やるのであれば、ほかの出版社がやっていないことをやりたかった。

まずは、活字を大きくしよう、と決めた。次に、これなら読めると思えるくらいのページ数にしよう、と思った。そうすれば、紙代も下がって、そのぶん定価も下げられる。読者にとって、買いやすい価格になる。

短篇の数は、最終的に、原本の八篇から、三篇にしぼった。レイアウトは、たくさんの本を見て、青土社のチャペック・シリーズを参考にすることにした。

以上のことをひとりで決めると、ぼくは、集英社版の『レンブラントの帽子』をスキャナーで読み取り、それを「ＯＣＲ」というパソコンのソフトを使って、データにした。

なんだ、全部素人でもやれるじゃないか、と思った。

ただ、決まっていないものが、ひとつだけあった。

装丁であった。

集英社版の『レンブラントの帽子』の表紙は、フランスのガリマール出版社のプレイヤード叢書《そうしょ》を模していて、クリーム色の下地に、赤い罫線《けいせん》で、タイトルと著者名、翻訳者名を囲んだだけのものであった。シンプルな装丁で、決して悪くはなかった。

けれど、ぼくは違うものがよかった。

たとえば、ぼくは集英社版の『レンブラントの帽子』を持っているのだが、たとえ原本を持っていても、また買いたくなるような、そんな装丁にしたかった。

いまでも変わらないのだが、本をつくるときは、自分がほしいと思うものをつくりたいのである。それは、最初から、そうだった。自分がほしくないものを、ほかの人がほしくなるわけがないのだ。

ぼくの本棚は、編集者の本棚にしては、とても小さい。三〇〇冊も入らないと思うのである。

ぼくは、そこに自分の好きな本だけを厳選して並べ、夜になると、あぐらをかいて、ひとりで眺めている。本当はお酒などをチビチビ飲みながら見ているのが格好いいのだろうけれど、すぐに酔っぱらう性質《たち》なので、代わりに、冷たい牛乳などを飲んで、本の内容などを思い出している。

気に入ったあたらしい本を棚に並べたいときは、代わりに、本棚から一冊、間引く。熟考に熟考をかさねて、静かに抜く。そして、あたらしい本を、棚にそっと差し込む。

ぼくの本棚は、一冊の本が入れ替わっただけなのに、とても新鮮にこの目に映る。一冊の本がまわりを明るく照らしているように見える。

なにがいいたいのかというと、ぼくは、つまり、この小さな本棚に並べたくなるような、あたらしい『レンブラントの帽子』をつくりたかったのだ。

完璧な本

さっきの、ぼくの本棚の話であるが、棚が四段ある。そして、上から二段目の、右のほうに、一九九六年から九七年のあいだに刊行された、集英社の『ユリシーズ』が三冊並んでいる。ぼくがいちばん好きな本だ。

最初に見たときのことを、はっきりと覚えている。いまはなき成城《せいじょう》の江崎書店で、平積みになっていた。それまでは、『ユリシーズ』というと、心理主義の古典というくらいの、古くさいイメージしかなかったが、丸谷才一《まるやさいいち》と永川玲二《ながかわれいじ》と高松雄一とがあらたに訳したそれは、A5判で、厚くて、青い表紙がキラキラと輝いていた。あこがれるような本であった。

当時はお金がなかったから、すぐには買えなかった。しばらく経ってから、向ケ丘《むこうがおか》遊園の古本屋さんで買った。読むと、中身もすごかった。

ぼくはそのころ、アトピー性皮膚炎にかかっていて、しょっちゅう皮膚科に行っていたのだが、その病院の待合室で熟読した。そこの病院は人気があって、とにかく待ち時間が長かった。ぼくは、手に持つにはやや重い、青と、赤と、緑の三冊の『ユリシーズ』のページを一枚一枚めくりながら、「すごい！　すごい！」とひとりで興奮していた。「完璧な小説だ」と思った。

造本もまた、完璧なのだった。見返《みかえ》しのクローバーも、奥付《おくづけ》に描かれた切手のなかのジェイムズ・ジョイスも、巻末に描かれたダブリンの地図も、どれもがすばらしかった。この造本で読まなければ、ぼくはここまで感動しなかっただろう、と思う。

この本のデザインをしたのが、和田誠さんだと知ったのは、ずいぶんあとになってからだ。和田さんというと、星新一や、井上ひさし、谷川俊太郎などの本で見る、あのあたたかなイラストを思い浮かべるが、『ユリシーズ』の表紙に、あの特徴的なイラストはなかった。だから、長いときを経て、『ユリシーズ』が和田さんの仕事だと知ったときの驚きといったらなかった。

和田さんはすごい！　と、まるで自分だけの秘密を発見したかのように、興奮した。その日から、和田誠さんは、イラストレーターというよりも、日本一のグラフィック・デザイナーとして、ぼくのなかで星のように輝いた。

『レンブラントの帽子』の装丁を和田さんに依頼できたらと、しばらく考えていた。二週間くらい考えて、けれど、容易に実行にはうつせなかった。荒川先生のときのように、わずかでもなにかしらの接点があれば、せめて手紙を書きはじめることくらいできたと思うのだけれど、和田さんとのあいだには、本当になにもなかった。まず相手にされないだろう、と思った。

ぼくは、尊敬している人から無視されるのはとてもいやだから、できれば、なにもしたくなかった。

いま無理にお願いするよりも、いつか仕事を積み重ねていくうちに、なにかしらのご縁ができるかもしれないから、そのときまで待つほうがいいのだ、と自分に言い聞かせた。けれど、つくるのであれば、いちばんいい『レンブラントの帽子』をつくりたかったから、一度でも和田さんの装丁を想像してしまうと、和田さん以上の装丁は、なにも思いつかないのであった。

毎日、頭のなかが和田さんのことでいっぱいだった。

手紙を書き、和田さんからやさしいお返事がきて、お会いして、一緒にお茶を飲む。そんなシミュレーションを何度も繰り返して、心をなぐさめたりした。もちろん、やさしい返事がこなかったら、という想像もした。

まるで、ぼくには無理だと心を落ち着かせ、でも恋し続ける、片思いのような日々だった。

気持ちが変わったのは、和田さんの著書『装丁物語』（白水Uブックス、二〇〇六年）を再読していたときだった。本を読んでいるあいだは、著者にたいして近しい気持ちを持つので、その気持ちのままに、ぼくは和田さんに、一日がかりで手紙を書いた。

『ユリシーズ』が大好きであること。和田さんのお仕事を尊敬しているということ。あたらしい『レンブラントの帽子』を和田さんが装丁してくれたらどれだけうれしいか、ということ。

ぼくは、その手紙に、ワードで組んだ『レンブラントの帽子』のゲラを一緒にそえて、郵便局に持っていった。

次の日も、その次の日も、ドキドキしながら、和田さんから返事がくるのを待った。出社するたびに、郵便受けをのぞき、事務所のなかに入ると、ＦＡＸの到着を確認して、それから、パソコンのメール・ボックスを開いた。けれど、一週間待っても、和田さんから返事はこなかった。

きっとだめなんだろう。

ぼくは、失礼な手紙を送り申し訳ありませんでした、という気持ちを伝えるつもりで、思い切って、和田さんの事務所に電話をした。

電話に出たのは、女性だった。

ぼくは、一週間前に手紙とゲラをお送りしたことを伝え、その最終的なお返事をお聞かせいただきたくて、と女性に話した。

しばらくお待ちください、と女性はいった。

ぼくは、和田さんからなにかしらの伝言が共有されるようになっていて、彼女は、それをいま確認しているのだろう、と思った。

すると、「もしもし」と電話の主が替わった。

和田さんだった。

びっくりした。

「手紙は拝見しましたよ。でも、あの原稿じゃ読めないよ」

ぼくは、とにかく謝った。

「すいません」

「もう一度ちゃんとしたゲラを送って。それから考えるから」

「はい」

電話はそれだけで終わった。

ぼくは、和田さんとお話しできたのだという驚きで、呆然としていた。

和田誠さん

和田さんにお送りしたのは、パソコンソフトのワードで、自分なりに読みやすい形に組んだ『レンブラントの帽子』だった。でも、それは一般的にはゲラとは呼ばないらしいことが、和田さんの言葉でなんとなく推測できた。

きっと、ぼくがSさんの仕事をしているときに、赤字を入れたりしているのが、本当のゲラなのだ。四隅に「トンボ」といわれているカギ形の線があり、印刷のときと同じフォント、同じ組み方で、文章が印刷されているものを、ぼくは和田さんにお送りしなければならなかったのだ。

失礼なことをしてしまった、と冷や汗をかいた。でも、しょげている場合ではない、一日も早く、一時間でも早く、和田さんにちゃんとしたゲラをお送りしなくちゃと、気を引き締め直した。

幸いにも、知り合いに、組版を得意としているデザイナーがいた。ぼくは、彼に電話で、一日も早く和田さんにゲラをお送りしなければいけない事情を説明した。

デザイナーは、わかったよ、といって、一週間も経たないうちに、美しいゲラをつくってくれた。ぼくはそれを受け取り、すぐに和田さんに速達でお送りした。

翌日、ふたたび和田さんの事務所にお電話をすると、電話に出た和田さんは、「早かったね」と笑った。

そして、「そこまでいうなら、やりますよ」とおっしゃった。

プロ野球を愛している人たちが、よく「王・長嶋」というが、ぼくには、「荒川先生・和田さん」なのであった。尊敬しているおふたりが、ぼくに力を貸してくださるなんて、夢のような話であった。

無職だったころのぼくに語って聞かせたら、どんなに驚くだろうか。

ぼくは、いまなにかしらの事故で死んでも、そんなに悔いはないような気持ちさえした。

けれど、陶然《とうぜん》とした日々を二、三日も過ごすと、いままで感じたことのない、大きな責任も感じた。ぼくは、おふたりの顔に、経歴に、泥を塗るわけにはいかない。おふたりが仕事をしてくださる以上、会社をずっと続けて、『レンブラントの帽子』を売り続けなければいけない。這《は》いつくばっても、やらなきゃいけない……。

荒川先生の原稿は、予定より早く届いた。和田さんの装丁は、指定された日に事務所まで受け取りに伺えばいいのであった。

ぼくは、そのあいだに、文章の校正をし、『レンブラントの帽子』の世界をより読者にわかってもらえるようにと、多くの本を参考にして脚注をせっせとつくった。訳文に誤りがないか、英文もたしかめた。

本文以外の奥付や、著者プロフィール、目次など、本づくりのディテールに関しては、荒川先生がいろいろと教えてくださった。

先生は、紫陽社《しようしゃ》という詩の出版社を一九七四年からずっと続けられていて、本づくりのプロでもあった。

思い返せば、松陰神社で教えてもらっていたときに、先生が白い大きな紙袋をもって、ここに来る前に書店に詩集を納品してきたんです、と楽しそうに話されていたことがあり、大学生だったぼくは、その先生の顔を見て、とてもうらやましく思ったのだった。

もしかしたら、ひとりで出版社をやるというイメージは、最初に、先生から受けとっていたのかもしれなかった。

四月の晴れた日に、ぼくは、和田誠さんの事務所に、装丁のイラストを受け取りに伺った。電話でお話ししたことはあったが、お会いするのははじめてだった。

ぼくが打ち合わせスペースで、身体を小さくして待っていると、写真で見たとおりのかたが階段から降りてきて、そうして、『レンブラントの帽子』の装画をぼくに見せて、「がんばったんだよ。いいでしょ？」とおっしゃった。

そのときのことを思い出すと、ぼくは、いまでも涙が出そうになるのである。

和田さんがニコニコと目の前に立っていて、ぼくは、はじめて目にする『レンブラントの帽子』の絵を、顔を近づけて、夢中になって見つめている。

「すばらしいです」ぼくは和田さんに伝えた。

「よかった」和田さんはそうおっしゃった。

帰り道、ぼくは思いつくかぎりの人に、携帯電話で連絡をして、荒川先生が原稿を書いてくださり、和田さんが装丁をやってくださったのだ、と話をした。しばらく電話をしていない人にも、「お久しぶりです、島田です」といって、そのことを伝えた。なかには、荒川先生のお名前に、和田さんのお名前に、ピンと来ない友人もいて、ぼくは、その友人にたいしては、おふたりがいかに偉大であるかを、いちから話さなければいけないのだった。

ぼくは、電車のなかでも、おふたりのことばかりを、ずっと考えていた。おふたりに、すぐにでも恩返しをしたい気持ちだった。

いますぐ、パシリになって東京の街を走りまわってみたかった。もっといえば、飛脚にでもなって、日本全国に飛んでいきたかった。白いシャツが真っ黒になるくらいまで汗をかき、ズボンもやぶけて、靴の底もなくなって、靴下も片っぽどっかいってしまって、「走って、盛岡あたりまで手紙を届けてきました」と報告をしたかった。

褒められたい、というのではないのである。ただ、おふたりのために、自分が持っている能力や、時間や、感情や、とにかく全部を全部、使いたいと思った。

ひとりではなにもできない

以前働いていた出版社で、三ヶ月ほど、書店営業をしていたことがあった。

だから、書店への営業のやり方は、なんとなくわかっていたつもりだった。本ができてからではなく、本ができる一ヶ月前から、こんな本が出ますよ、とチラシを直接持っていく。そうすると、書店員さんが、三冊、五冊と、注文をくれる。

その点だけに限れば、出版業界というのはとても公平だと思う。まったく無名の出版社であっても、売れそうな本さえ紹介すれば、注文をとることは決して難しくない。忙しそうな時間を外せば、書店員さんたちも（皆が皆ではないが）、話を聞いてくれる。

けれど、公平でない部分もある。それは、取次、つまり、卸しの部分だ。

全国には約一万店の本屋さんがあり、そのすべての書店に本を流通させるためには、基本的に、日販《にっぱん》や、トーハンなどの取次と契約をしておく必要がある（全国のすべての書店に本が並ぶという意味ではなく、全国のどの書店で注文しても、その店にちゃんと本が届くという意味だ）。

もちろん、契約をしなくても、書店に並べることもできなくはないが、その場合は、各書店、または各チェーン店と、個別に発送、清算、返本のやりとりを行わなければならない。

一方、取次と契約をした場合は、すべての業務を、取次が一手に引き受けてくれる。出版社は取次にまとめて本を送り、取次から本の代金をもらう。全国の書店からの返本も、取次に一度返ってきて、それから、段ボールなどにまとめられて、出版社のもとに届けられる。システムとして完成されており、便利というほかない。

では、いったい、取次のなにが不公平なのかというと、単純に、掛け率が異なるのである。それと、お金が入ってくるまでの時間も違うのである。

大手が本を取次に卸した場合、翌月には、その本のお金が入ってくることが多い。それにたいして、新規の出版社は半年以上待たされることが通例である。掛け率も、ひどいと一〇パーセントくらい低い。

よく、出版社は自転車操業だといわれるが、本を納品した翌月にお金が入るのであれば、とりあえず、出版社は本をつくって納品すればいいということになる。来月はいくら必要だから、そのぶん本を納品する。その翌月はいくら必要だから、これだけ納品しなくちゃいけない、というふうに、自転車は走り続ける。

もちろん、納品した本のすべてが、そのまま実際の売り上げになるわけではない。一定期間を経ると、本は書店から戻ってくる。それに応じて、出版社は、最初にもらったお金を取次に返さなければならない。けれど、そのぶんさえも新しくつくった本の代金で支払ってしまう。相殺してしまう。

これらのことは、会社を経営していくという点から考えると、ごくごく当たり前の話なのかもしれない。けれど、度が過ぎると、会社都合でつくった、だれも買いたくないような本が、書店に納品されるということにもつながっていく。本は生活必需品ではないのだから、なんでもいいからあればいいというわけではない。

読者に届けるべき本は、必ず、いい本でなければいけない。そうでないと、全部、意味がない。

このようなことは、出版社をはじめる前から知っていたのではない。徐々に徐々に、学んでいったのだ。

話がすこし前後するけれども、出版社を立ち上げる前に、ぼくは、高円寺《こうえんじ》の「円盤」というレコード・ショップに行き、店主の田口さんに、これから吉祥寺で出版社をはじめるんですよ、と話をしていた。すると、田口さんは、吉祥寺で出版社をやっているアルテスパブリッシングの鈴木さんがこれから店に来ますよ、紹介しますよ、とおっしゃってくださった。

ぼくは人見知りだから、本当は「いいですよ」と断り、帰ろうと思っていたのだった。けれど、そういい出す前に、鈴木さんがいらっしゃって、「おお、吉祥寺ですか。ご近所ですね」と低い、渋い声で、ぼくに微笑んでくれたのだった。

それからしばらく経ち、『レンブラントの帽子』の発売のめどが立ったときに、ぼくは、取次と契約するか、それとも、直接取引で書店に卸すかを決断しなければいけなかった。

売り上げのことを考えると、直接取引は難しいだろう、と思った。書店側からすれば、個別に清算をし、棚卸しをして、返品までを行う直接取引は、ある程度の旨味、つまり売り上げが見込める商品でなければ、たんじゅんに仕事の手間が増えるだけの話なのだ。もちろん、あいだに卸しが入らない分、書店・出版社ともに取り分は増えるが、それもある程度の量があってこそだと思う。

ぼくには、『レンブラントの帽子』が、爆発的に売れるような本だとは思えなかった。もしかしたら、まったく売れないかもしれない、とも思っていた。

だから、ぼくは、取次と契約をしようと最終的に判断した。けれど、どの取次と契約すればいいのか、また、どうやって契約をすればいいのかが、わからなかった。ぼくは、円盤でお会いした鈴木さんのことを思い出し、図々しく、「どうしたらいいでしょうか？」と、メールで相談をした。鈴木さんは、すぐに、懇切丁寧にいろいろと教えてくださった。

ぼくは、ひとり出版社とうたっているが、ひとりではなにもできない。そのことを、会社を続ければ続けるほど、痛感するのである。

ぼくは、鈴木さんに教えてもらったいくつかの取次のなかから、ＪＲＣという神保町にある取次を選び、そして、無事に契約をすませた。

後日、アルテスパブリッシングの事務所を訪ねていった際、鈴木さんはぼくのことを、「同じ吉祥寺の出版仲間」といった。

本をまだ一冊も出していないのに、教えてもらってばかりなのに、「仲間」。どうしたら、そんなことがいえるのだろう、と思った。

ぼくは、かつては、自分ひとりですべてができる、と思っていた。ひとりで考え、ひとりで実行することにプライドを持ち、だれの世話にもなりたくない、と思っていた。

けれど、ひとりでやっている、なんていうのは、単にふくれあがった自意識のようなもので、記憶をすこし掘り返せば、ぼくは、ぼくのことを気にかけてくれている、たくさんの人たちに支えてもらっている、ということがわかるのである。

たとえば、お酒を飲み、いろんなことを話して、それで、「また飲みましょう」といって別れる。そんな日々の積み重ねが、どれだけぼくのこころを支えてくれているか。

アルテスパブリッシングは二〇〇七年創業の音楽専門の出版社である。鈴木さんのあたたかなお人柄があらわれたような誠実な本をたくさん出されている。

営業に行く

いざ営業に出ると、結果はあまりよくなかった。

二〇年近く、新刊が手に入らなかった作家である。ほとんどの書店員さんが、このユダヤ系アメリカ人の作家の名前を知らないのだった。

ぼくは、めぼしい書店に行き、チラシを見せて、

「あたらしくはじめた出版社で、夏葉社といいます。今度マラマッドの作品を三五年ぶりに復刊するんです……」

と話しはじめる。

すると、書店員さんは、

「はあ、そうですか……」

という。

昨年（二〇〇九年）、偶然にも、柴田元幸《もとゆき》さんが翻訳されたマラマッドの短篇集、『喋《しゃべ》る馬』が発売されていた。だから、海外文学の棚がある多くの書店には、その本が並んでいた。

ぼくは、『喋る馬』を指さし、「この作家です」といい、書店員さんは、「ああ」と
そこではじめてわかる。

「でも、新訳じゃないんですよね？」

「新訳じゃないんです」ぼくはこたえる。「でも、すばらしい短篇なんです」

「海外文学はあまり売れないんですよね」

「おっしゃるとおり、売れないかもしれません」ぼくもいう。

相手はそこで、話を変えようとする。「でも、ひとりで出版社をはじめるなんて、すごいですね」

「すごくないです。転職できなかっただけです……」

ぼくはにっこりと笑いながら、後ずさりしている。帰る準備をはじめている。

印刷所で見積もりをとった結果、定価を下げるためには、三〇〇〇部以上印刷しなければならないことがわかった。

ぼくは、その三〇〇〇部を、できれば、ひとりひとりの読者に手売りするように、販売していきたいと思っていた。ぼくはこういう人間で、『レンブラントの帽子』はこういう作品で、こういう思いで復刊をしようと思って、ということを、相手の目をきちんと見て、説明していきたかった。

だから、取次にまかせるのではなく、FAXや電話で注文をとるのでもなく、自分の足で、全国の書店をまわりたいと思っていた。

一般的に、出版社はマスコミに分類されていて、そういう意味では、夏葉社もまた出版社であり、マスコミなのかもしれないけれど、ぼくの気持ちとしては、本をつくっているというよりも、手づくりの「もの」をつくっているような感覚なのだった。

情報や物語が載っている紙の束というよりは、靴や、食器のような「もの」。メールマガジンと、美味しいパンと、どちらに似ているかといわれたら、間違いなくパンのほうに似ているといいたくなる、有機物でもあるような「もの」。

ぼくは編集者というよりは、そのものづくりの、見習いの職人のようなものであって（師匠は荒川先生と和田さんだ）、その職人はやっぱり、書店に直接行き、きちんと頭を下げて、「心を込めてつくりました」と説明すべきだと思った。

書店から注文をもらっても、よくて一〇冊だった。一冊も注文をくれないお店も多かった。

ぼくは、東京都内と近郊の県内をとにかく歩きまわり、「お忙しいところ、すいません。あたらしい出版社、夏葉社の島田と申しまして……」と、一日に一〇軒くらいの書店で『レンブラントの帽子』を説明した。

午前中は気力にあふれ、足取りも軽いのだが、一五時くらいになると、精神的にまいってきて、地べたに座り込んでしまいたい気持ちになった。とくに、注文がまったくとれないときは、そのまま仕事を切り上げて、江ノ島あたりにでも行きたくなるのだった。

営業に行ける日にちから計算すると、このままでは、卸して五〇〇冊、うまくいって、七〇〇冊ほどにしかならなかった。五年かかっても、一〇年かかっても、売れるまでずっと待つつもりだったが、実際の問題として、五〇〇冊では大赤字なのだった。

ぼくは、いったん関東をあきらめて、今度は、電車で名古屋を目指した。お金がなかったから、新幹線ではなく、鈍行でコトコト行った。

けれど、結果は東京とあまり変わらなかった。むしろ、東京よりも苦戦した。

とある書店では、「うちの目標は返本率を下げることなんですよ。すいませんね」といわれた。つまり、あなたの会社の本をとっても返品になるだけなんですよ、という意味だった。

ぼくは、そこまではっきりと「売れない」といわれたことがなかったから、悔しさで身体が奮えた。「くそ！　くそ！」とこころのなかで何度も毒づきながら、知らない町の知らない道を足早に歩いた。「あんなの、早く忘れたほうがいいんだ」と強く思うのだけれど、そのこころに反発するように、これまで経験したいやなことが、芋づる式に次々と思い出されて、胸まで苦しくなるのだった。

「ああ！　もう！」

ぼくは頭をかきむしり、駅前の喫煙所で煙草をスパスパ吸った。

それでも、一方では、「マラマッドですか。いいですね」、「翻訳者が小島信夫じゃないですか。すばらしい」、「一冊目が和田誠さんなんてすごいですね。楽しみですね」、「荒川洋治の大ファンなんです。置かせてください」と書店員さんからいわれることもあった。

ぼくは、くじけそうになると、そういってくれた人たちの顔や、制服や、声などを思い出して、よろこびを反芻《はんすう》した。

ある書店員さんは、ぼくが訪問したあとに、地元の新聞で、こう書いてくれた。

「夏葉社は若い人がひとりではじめたばかりの出版社で、これが刊行一点目だそう。いま、外国文学の復刊で本を作るのはとてもたいへんだろう。それでも営業に来たとき、「好きな本を出版していきたい。結婚とかはできないかもしれないけど……」と言っていた。これほど本屋の心を打つ営業文句を聞いたことがありますか」

いちばん大変だった最初の本の営業のときに、あたたかく迎えてくれたたくさんの書店員さんのことを、ぼくは、生涯忘れたくない。

ツイッターと京都

いわゆるSNSのひとつである「ツイッター」をやることを勧めてくれたのも、アルテスパブリッシングの鈴木さんだった。ツイッターと聞いて、怪訝《けげん》そうな顔をするぼくに、「いや、ほんと、おもしろいですよ」と、いつものように渋い声でおっしゃってくださったのだった。

最初は、一四〇文字ではなにも書けないよ、と思っていたが、はじめてみると、一四〇字という制限があるからこそ書けることがあるのだ、ということがよくわかった。たとえば、電車で移動しているあいだや、エスカレーターで駅ビルの最上階にある書店に向かっているときなどに、ぼくはスマートフォンを立ち上げて、日々の意気込みや、嘆きを、ツイッターに投稿するのだった。

そうすると、たまに見知らぬ人から、「がんばってください！」と返信がきた。それだけで、単純なぼくは、たまらなくうれしいのだった。

名古屋に営業に行っているときも、関西に行っているときも、ぼくは毎日、なにかしらをツイッターでつぶやいていた。ようするに、話す相手もいなくて、孤独で、営業の成績もかんばしくないのだった。

ぼくは、名古屋の次に、京都、大阪、神戸の書店を訪ねて歩いたが、ほとんどの書店は様子見といった感じで、「五冊」、あるいは「三冊」、または「一冊」と、ぼくが持参したチラシに注文数を記していった。もちろん、注文をもらえないケースも多々あった。

一日足を棒にして歩いて、だいたい三〇冊から四〇冊の注文だった。その数は、ぼくが予想していたよりも、ずいぶんとすくなかった。行ったことがない書店がほとんどだったからこそ、ぼくは大きな希望を胸に抱いて関西にやってきたのだが、世の中はそんなに甘くはなかった。

「わ！　マラマッドが出るんですね！　どーんと売りますよ！　三〇冊ください！」

「小島信夫、浜本武雄の翻訳っていえば、あの名作、『ワインズバーグ・オハイオ』やないですか！　五〇冊ください！」

「とにかくなんでもいいから、一〇〇冊ください！」

ぼくは書店を訪ねる前に、そんな奇跡が起こることを夢想したが、そんなことは起こらなかった。

たくさんの店をまわり、たくさんの書店員さんと話すうちに、店ごとの注文数の予想もおおよそつくようになって（もちろん、はずれることもあったが）、実際にその数、ないしは、その数以下の注文をもらって、ぼくは、また次の書店へとせっせ、せっせと移動するのであった。

つらいと嘆くひまがあったら、ぼくは、阪急電車に、御堂筋《みどうすじ》線に、市バスに乗らなければならなかった。

ぼくの仕事は、当たり前だけれど、一軒でも多くの本屋さんをまわり、ひとりでも多くの人に、『レンブラントの帽子』のよさを知ってもらうことなのだった。

ツイッター上では、『レンブラントの帽子』の発売を楽しみにしてくれている人が、すでに何人かいた。

彼らは、マラマッドの、小島信夫の、和田誠さんの、荒川洋治先生のファンであり、いってみれば、ぼくと同じような嗜好《しこう》を持つ人たちなのだった。

その人たちの存在が、そのときのぼくの、大きなこころの支えだった。ぼくは彼らのためにも、営業をがんばらなくちゃいけない、と思っていた。

彼らは、ツイッターをとおして、彼らの住む町のお勧めの書店を教えてくれたり、彼らの友人に本を宣伝してくれたりした。

なかでも、詩人の金子彰子《あきこ》さんは、まるで自分のことのように、ぼくの活動を応援してくれた(関西を歩きまわった日々のことを思い出すと、ぼくは必ず、スマートフォンのなかに映る、金子さんのツイッターのアイコンのことを思う)。

金子さんのいちばんのお勧めの本屋さんは、京都の善行堂《ぜんこうどう》という古本屋さんだった。

ぼくは、その店の名を知らなかった。

Googleで調べてみると、昨年七月にオープンしたばかりの小さなお店だった。正直、古本屋さんに行ってもなあ、と思っていた。

けれど、関西出張の最終日、行く書店がついになくなって、ぼくは、兵庫県の舞子《まいこ》から、善行堂さんのある京都へと足を運ぶことにした。実は、その二日前にも京都にいたのだが、その日は、善行堂さんの定休日だったのだ。

電車とバスを乗り継いで、二時間。善行堂さんのある銀閣寺《ぎんかくじ》道《みち》のバス停に降りたときは、もう夜だった。

今出《いまで》川《がわ》通りに、ポツンときれいな明かりが灯っていた。

「こんにちは。夏葉社というものですが……」とおそるおそる引き戸を開けると、店主の山本善行《よしゆき》さんが、「よく来てくれた」と満面の笑みで迎えてくれた。

そんなことははじめてだったので、びっくりした。

山本さんは、ニコニコと笑みをたたえたまま、「レンブラントの帽子」はいい短篇で、マラマッドはとてもいい作家で、翻訳は小島信夫ときてる。和田さんの装丁は間違いないし、荒川さんが巻末エッセイなんて、とてもいい。すばらしい。間違いなくいい本だ。と、これまでぼくが書店で受けた賛辞を、全部まとめて、話してくれた。ぼくは、うれしくて、言葉が出なかった。

それから一時間くらい、山本さんは、文学の話をぼくにしてくれた。最後は、「がんばろうな」といって、握手までしてくれた。

ぼくは、ポワーッとした気持ちのまま、店を出た。

注文数は、三〇冊だった。

ぼくは、自分がいつも思い描いていた奇跡が、いまさっき起こったことが信じられなくて、京都駅に着いても、まだポワーッとしていた。

駅のホームで冷たい缶コーヒーを飲み、ぼくは頭を振って、「がんばらなくちゃ！」と自分にいい聞かせた。

最初の本ができた！

そして、とうとう、本ができた。

印刷所の人が、茶色い包み紙にくるまったあたらしい『レンブラントの帽子』を手ずから持ってきてくれた。ぼくは、その包み紙を慎重にやぶって、まじまじとその装丁を、本の背を、そのなかに印刷されたたくさんの言葉を眺めた。

ぼくは、結婚もしていないし、子どももいないけれど、生まれたばかりの自分の子どもと初めて会うときはこんな気分なのかもしれない、と思った。

うれしいのはもちろんなのだけれど、それ以上に、不思議なのである。

本当に自分がつくったんだ、本当にできたんだと、そんな単純な感想ばかりが、何度も何度もこころに浮かんでくるのだった。

印刷所の人が帰ると、ぼくは、『レンブラントの帽子』を、事務所のいろんな場所に置いて、カメラで写真を撮ってみたり、本棚に並べてみたり、カバンに入れて事務所のなかを歩いてみたりした。まるで、これが本であることをたしかめるように、いつまでも、『レンブラントの帽子』を触っていた。

営業の結果は、最終的には、七〇〇冊に届かないくらいだった。印刷所から取次に、注文分と予備分を送ってもらい、そのほか、図書館専門の取次であるTRCというところにも本を送って、残りの約二〇〇〇冊が、吉祥寺の、ぼくの事務所にやってきた。

ワンルームの狭いマンションである。クローゼットを埋めてしまうばかりか、それでも足りなくて、床にも積むことになった。

ぼくは、突然あらわれたように見えるその茶色い本の山を、やっぱり不思議な気持ちで眺めていて、同じように、写真に撮ったり、触ったりして、愛でていた。けれど、しばらくすると、とても不安にもなってきた。この本がいつまでもここにあったらどうしよう、むしろ返本になって、この山がさらに高くなっていくようだったらどうしようと、いてもたってもいられなくなるのだった。

ぼくは結局、『レンブラントの帽子』をつくるにあたって、母親からあらたに二〇〇万円を借りた。現実的には、その二〇〇万円がないと、会社はお盆も迎えられないのだった。

もちろん、返済する計画もなかったし、『レンブラントの帽子』が順調に売れていくという保証もなかった。むしろ、出版のことをよく知る人は、厳しいのではないか、といっていた。

ぼくは、事務所でじっとしていることができなくて、『レンブラントの帽子』を注文してくださった書店を何軒か歩いてまわった。

取次との関係で、すでに並んでいる書店と、まだ並んでいない書店があった。

ぼくは、お世話になった書店員さんに声をかけることもできず、なにか本を探しているようなふりをしながら、左から、右から、店頭に並ぶ『レンブラントの帽子』を眺めた。通路を曲がって偶然発見したというように見たり、その隣に並ぶ本を立ち読みをして、それから、「あっ、こんな本もあるんだ」と、小さな声で芝居をしながら、『レンブラントの帽子』の表紙に触ったりしていた。

一時間も、二時間も、店の海外文学棚のまわりをうろうろしていた。けれど、だれも『レンブラントの帽子』には興味をしめさなかった。それだけで、ぼくは取り返しのつかない大失敗をしたような気持ちになった。

その日の夜、ぼくを救ってくれたのは、またもツイッターだった。

書店から事務所に帰り、だれか『レンブラントの帽子』を買ってくれていないかな、とツイッターを検索していると、知らない人が、

「バーナード・マラマッド『レンブラントの帽子』を買い、さっそく近くの喫茶店に駆け込み、表題作を読んだ。「これぞ小説!」という濃厚な一篇。冒頭なんか、映画みたいだ。夏葉社さん、おめでとうございます。すばらしい本です」

と書いてくれていた。

ぼくは感激して、もうこれで十分だ、もうなにも望まない、くらいに思った。

その週末、今度は、三省堂《さんせいどう》書店神保町本店の方から、「売れていますよ。追加したいので本を送ってください」と電話があった。

このときもまた、感激しきって、ぼくは救われた、寿命が一年くらい縮まってもいい、くらいに思うのだった。

それからも、毎日のように、だれかがツイッターで、『レンブラントの帽子』のことを話題にしてくれた。

ぼくは、仕事らしい仕事をほとんどせず、書店に行って『レンブラントの帽子』の数が減っているかをたしかめたり、ツイッターの画面ばかりを眺めたりしていた。

本の山は、すこしずつ減っていった。ぼくは、二週間に一度くらいのペースで納品書を書き、段ボール箱に『レンブラントの帽子』を詰めて、本を取次に送った。

なんというか、遠いところへ、子どもを送り出すような気持ちだった。

本屋さんの店頭に並ぶ、『レンブラントの帽子』は、一日見ないだけで、ずいぶんと成長し、立派な姿になっているように見えるのであった。

行き詰まる日々

一方で、詩とイラストの本のほうは、うまくいかなかった。

『レンブラントの帽子』は、荒川先生と和田さんが力を貸してくださったし、そもそも復刊であったので、なんとかつくることができたが、詩とイラストの本に関しては、まったくの手探りなのだった。

デザインは、櫻井事務所の櫻井久《ひさし》さんが担当してくださることになっていた。

櫻井さんとはもともと知り合いだったのではなく、櫻井さんがデザインを手がけられた『日本を知る105章』（平凡社、コロナ・ブックス、二〇〇一年）という本が好きで、それで、連絡先を調べ、メールを送って、デザインをお願いしたのだった（いま考えると、よく引き受けてくださった、と思う）。

「いい本にしたいんです。いい本になると思うんです。いい本にしなくちゃいけないんです」

ぼくは櫻井さんに訥々《とつとつ》と訴えるのだが、具体的なアイディアはなにも持っていなかった。

ぼくはとにかく、叔父と叔母を励まさなくちゃいけないという思いを抱いて、それを、櫻井さんと、高橋和枝さんに、熱弁するだけであった。

本のタイトルは、『さよならのあとで』というものに決めていた。二〇くらい自分でタイトル案を出し、いちばんしっくりきたのが、この「さよならのあとで」という言葉だった。

人はだれでもみな、親しい人と死別しなくてはならない。それは、人生でいちばん大きなかなしみで、わたしたちは、それでも生きていかなければいけない。親しい人がいたときと、いないときとでは、世界はガラリと変わる。けれど、変わるのはわたしのこころであって、世界ではない。しばらくは、その変わらないことが、どうしようもなくつらいが、変わらないその世界は、親しい人が暮らし、愛した世界でもある。「さよなら」をしたあとで、わたしは、その人が暮らした町で、家で、もしくは、そことは違う遠い場所で、その人がくれた愛情とともに、ゆっくりと生きていく。

ぼくは、『さよならのあとで』というタイトルに、そんな思いを込めた。

いつでも、思いだけはありあまるほどあるのだった。

けれど、ぼくはそれを具体化できず、高橋さんたちと共有することもできなかった。

高橋さんとは、渋谷の喫茶店で、月に一度くらい打ち合わせをしていた。

ぼくは相変わらず無能な編集者で、高橋さんが描きあぐねているとおっしゃっても、「高橋さんは才能があります。大丈夫です」と的外れな言葉をかえすだけなのだった。

そうして半年が経ち、高橋さんは、『レンブラントの帽子』が発売になる一ヶ月くらい前に、すべての詩の言葉にあわせて、イラストをつくってきてくださった。

それは、オレンジと水色で描かれた、ある町の一日だった。雨が降り、夜が来て、人びとは、物思いにふけっていたり、ピアノを弾いたり、雨上がりの町を歩いたりしていた。

一読して、涙がこぼれた。

ぼくは、高橋さんを目の前に、何度もイラストを見返しながら、これまで以上にケンのことを強く思うのだった。その笑顔、その声、そのしぐさ、髪の感じ……。

「ありがとうございます」

ぼくは高橋さんに伝えた。

「こんな感じでいいのでしょうか?」

高橋さんは不安そうに聞いた。

「いいと思います」

　ぼくは高橋さんの目を見つめて、こたえた。

　あとは、このイラストをもとに、細かな修正を繰り返していけば、『さよならのあとで』が完成するように思った。

　けれど、櫻井さんの手を経て、具体的にレイアウトされた『さよならのあとで』を見ていると、なにかが違うように思えてきてならなかった。

　それは、なんというか、こころあたたまる、やさしい絵本のようだった。一冊の本として見れば、高橋さんの魅力があふれていて、とてもすばらしい作品なのであるが、ぼくがつくりたい『さよならのあとで』は、もう少しかなしみに近いものだった。

　ぼくは事務所に帰り、カラーのイラストをモノクロにコピーして、どうすればいいのだろう、と考えはじめた。

　作品の世界を、もうすこし静かに、簡素にしてみたかった。けれど、色のついた原稿をただモノクロにするだけでは、なにも解決しないのだった。

　ぼくは数日後、高橋さんに、できたらモノクロであたらしいイラストを描いていただけないでしょうか、とメールで伝えた。

高橋さんは、おっしゃることはわかりますが、なにを描いていいのかよくわからないのです、とこたえた。

わからないのは、ぼくもまた同じだった。

「高橋さんは才能があります。ぼくは高橋さんのイラストに強く惹かれます。もっと、もっと、いい本をつくりたいのです」

ぼくはそう返事をしたが、それは、なにもいっていないのと同じだった。

「すこし時間をおいて考えさせてください」

高橋さんから、そういった内容のメールが届いたとき、ぼくはすっかり信頼を失ってしまったと思った。

次に来るメールは、正式な断りのメールかもしれないと思った。

けれど、それからしばらくして、高橋さんは、あたらしいモノクロのイラストを、ぼくにメールで送ってくれた。

それは、まさに、ぼくが望んでいた世界に近いものだった。

「高橋さんは、やっぱりすばらしいです」

ぼくは、いつものとおり、そう返事をするだけだった。

ぼくのしあわせ

『さよならのあとで』と『レンブラントの帽子』の企画しか持っていなかったので、前者の進行が遅れると、ぼくは、もうなにもすることがないのだった。

正直にいうと、この二冊の本を出版できれば出版社をやめてもいい、くらいに思っていた。本ができあがり、それを叔父と叔母に贈って、そして、何人かの人がその本の存在によろこんでくれて、ぼくは出版社を解散する。とても潔いし、なんだか伝説のバンドになれるようにも思えるのだった。

その気持ちが変わったのは、前にも書いたけれど、荒川先生と和田さんが仕事をしてくださったからで、おふたりが力を貸してくれた以上、ぼくは自分の力が続く限り、会社を継続していかなければならなかった。

復刊したい本はほかにもあったが、叔父と叔母がそれをよろこんでくれるだろうかと思うと、自信がなかった。

ぼくにとって、読者とは、まずだれよりも彼らふたりであった。だから、ぼくがぼんやりと想像する一般的な読者というのも、いつでも、彼らのような人たちだった。別に、本が好きというわけではなく、文学なんて興味もない。でも、かなしみや、やりきれなさとともに、日々を暮らしている。テレビを眺めながら、だれかから電話があったのではないかと携帯電話の着信を気にしながら、あるいは、月を見ながら、こころの穴をなにかしらで埋めたいと願っている。

文学が、本が、特効薬になるというのではない。けれど、本を開き、言葉と向き合うことで、すくなくとも日常の慌《あわ》ただしい時間からは逃れることができる。辞書を引きながら文字を追い、そこに書かれていることに自分の経験を重ね、ときに、だれかのことを強く思うことで、自分の時間だけは、かろうじて取り戻すことができる。正確に読めばいいというのではない。知りさえすればいいというのでもない。本は情報を伝える媒体というよりも、こころを伝える「もの」であるように思えるのだった。

ぼくは、次に出す本にはまったくとりかかることができず、そんなことばかりを毎日考えていた。

もちろん、それにはいくつか理由もあったのである。二〇一〇年の五月、『レンブラントの帽子』を刊行して間もなかったこのときに、日本でも、iPadがリリースされようとしていた。このアップル社のタブレット型PCの到来をもって、いよいよ電子書籍の時代がはじまるのだ（つまり、紙媒体は消え去っていくのだ）、とすくなくない人たちがいっていて、ぼくには、それがどうしても腑《ふ》に落ちないのだった。

ぼくは、本が好きで、本に何度か救われてきて、それが、「便利」で、「早くて」、「邪魔にならない」という言葉とともに、過去のものにされようとしている。

便利で早くて、邪魔にならないのはいいけれど、本の、文学のいちばんの魅力は、その対極にあるのであって、本をいそいで手に入れて、いそいで読まなければいけないのであれば、そもそも本なんて必要ないのだ。

たとえば、だれかが話をする。それにたいして、できるだけ、手短に、効率的に話してほしいといい、「要するに結論は？」と話を遮《さえぎ》りさえする。そして、用件が終わったら、さっさと次の関心事へと移っていく。

たとえはいささか乱暴だけれど、紙の本はもう古い、時代遅れだ、という人たちの言い分を聞いていると、ぼくは、そういう人たちと話をしているような気分にもなるのだった。

ぼくには、ほしい本がいくつかある。二年も、三年も探している本がある。ぼくは、知らない町に行くたびに古本屋さんを訪ね、探しているその本があるのではないか、と胸をドキドキさせながら、いつも棚を見つめる。もう、そこにあるような気持ちさえしているのである。

けれど、集中して、目を凝らし、店の棚をくまなく探しても、その本はない。あるとばっかり思っているから、ついさっき、ほかのお客さんに買われてしまったようにも思えてくる。何度も何度もそうしたことを繰り返し、その本を買う夢も見る。

そうして、冬のある日、地方の古本屋で、その本を見つける。冷たい雨が降る日、しかも、風邪気味で、微熱もあって、けだるいときに、神様からの贈り物のように、その本が棚に並んでいるのを発見する。

ぼくは、いそいで値段を確認し、震える手でその本をレジに持っていく。このときもまだ半信半疑で、店主から、「ああ、これは売り物ではないですね」といわれるのではないかとビクビクしている。

でも、そうではない。店主は、なんでもないというふうに、本を手早く茶袋に入れ、本の形に沿って袋を折り曲げて、セロハンテープを貼る。ぼくは全身で覆うようにして抱え、その本をホテルに持ち帰る。

二〇歳ぐらいのときから、ぼくは、こんなことばかりを夢想している。二、三年探している本があるというのは本当であるが、冬の日に、地方でその本と出会うというのは事実ではなくて、ただの願望なのだ。

どうして、ここまで焦がれるのかはわからない。それに、苦労して手に入れた本であればあるほど、ぼくの場合、だいたい最後まで読まない場合が多い。なんというか、最初の数ページを読んだだけで、満足しきって、胸がいっぱいになってしまうのである。

でも、ぼくのいっている本とは、理想とするような本とは、つまりはそういう本のことなのだ。意味がわかりづらいかもしれないけれど、ぼくは、そういう、あこがれるような本をつくりたいのである。

ただ、便利なだけではなく、読むと得をするというようなものでもない。もちろん、だれかを打ち負かすための根拠になるようなものでもない。

焦がれるもの。思うもの。胸に抱いて、持ち帰りたいようなもの。

ぼくは思う。

好きな作家がいて、ほしい本があって、それをいつか手に入れたいと願う。

こうしたことが、かけがえのない幸せなのだ。

手に入るか入らないかが、その尺度になるのではなくて、ほしいものがある、好きな人がいるということが、すなわち、生きることなのではないか、とすら思う。

ぼくは、電子書籍のことを考えれば考えるほど、袋小路にはまりこんでいった。

抽象的なことばかりを考え、どうして本をつくらなければいけないのか、と自分を問い詰めることしかできなくなっていた。

『昔日の客』

きっかけは、善行堂の店主、山本善行さんだった。

ぼくは、『レンブラントの帽子』の営業でお世話になって以来、毎日かかさず山本さんのブログを読むようになっていた。

ある日、そのブログのなかで、『昔日《せきじつ》の客』という本の名前が出てきた。お客さんから、探しているのですが、と問い合わせがあり、山本さんは、在庫はありません、その本はめずらしい本なんです、とこたえるのである。

山本さんは、同じ日のブログで、「関口良雄の『昔日の客』、これこそ復刊してほしいですね。いい本です。間違いないです」と書いた。

それから数日経って、またその本のことが話題になって、山本さんのブログの読者も、「『昔日の客』本当にいい本ですよね。ぼくも大阪府立図書館で二度借りました」とブログにコメントを残していた。

それにたいして、山本さんは、「夏葉社さんに動いてほしい、と頼んでみましょうか」と返事を書いた。

ぼくは、頼まれるまでもなく、その『昔日の客』という本が読みたくてたまらなくなっていた。

二〇一〇年の五月下旬のことである。

ぼくは、『昔日の客』のことも、著者の関口良雄さんのことも、知らなかった。

インターネットで検索すると、関口さんは、東京の大森にかつてあった、山王《さんのう》書房という古書店の店主で、『昔日の客』は、その古書店での日々を描いた随筆集だということがわかった。

ぼくは、いくつかの馴染《なじ》みの古本屋さんで、『昔日の客』という本を探しているのですが、と尋ねたが、店主たちはその本のことを知らなかった。

こういうときこそ神田神保町だと思って、六月の雨が降る日に、靖国通りに並ぶ店を一軒々々たずねたが、手がかりひとつ見つけることができなかった。ある店主からは、「そういう本は探さないほうがいい。気にしないで待っているほうがいい」といわれた。

ぼくは仕方がないから、国立国会図書館に行くことにした。

だだっ広いカウンターで待つこと二〇分。手渡されたのは、茶色い布張りの、小ぶりな本であった（奥付には昭和五三年一〇月三〇日発行とあった）。

ぼくは、それを一階の閲覧室の窓際で読んだ。最初の一ページから、最後の一ページまで、トイレにも行かず、時間をたっぷりかけて、ページをめくった。

読み終わって、とにかく元気になった。胸が震えるような、すばらしい本だった。一冊の本がこころを伝えるとはこういうことなのだ、と思った。

関口良雄さんは、人生のすべてをかけて文学を、本を愛していて、古本屋さんにやってくるお客さんたちも、尾崎一雄や、上林《かんばやし》暁《あかつき》、野呂《のろ》邦暢《くにのぶ》といった作家たちも、同じように文学を、本を愛していた。そうした三〇年以上も前の昭和の日々は、ぼくにとって、あこがれ以外のなにものでもなかった。

関口さんのご子息が書いたあとがきによると、関口さんは、初の著書となる『昔日の客』の完成を「自分の本ができるなんて本当に夢のようだ。涙が出るほどうれしい」というほどに待ち望んだが、本の完成を見る前に病に斃《たお》れてしまった。

ぼくの知り合いの編集者は、本は人よりも長く生きるんだよ、といっていたが、この「茶色い布張りの、小ぶりな本」を開いていると、まるで、関口さんその人に触れているような、そんな気持ちさえしてくるのだった。

明くる日、ぼくは関口さんのご子息の連絡先を調べ（音楽プロデューサーをされていたので、すぐにわかった）、「『昔日の客』を復刊させてほしい。この本を読者に届けることを自分の仕事にさせてほしい」と手紙に綴った。

売れる、売れない、は問題ではなかった。というよりも、後先のことをなにも考えていなかった。それくらい、ぼくは『昔日の客』という本に、関口良雄さんという人に、すっかり魅せられていた。

すぐに、関口直人さんから返事があった。「お気持ちはとてもうれしい。一度お会いしましょう」という内容だった。

お手紙を出してから三週間後、ぼくは、山王書房がかつてあった場所で、関口良雄さんの奥さまと、直人さんにお会いした。

関口良雄さんの蔵書に囲まれた部屋で、ぼくは緊張しながら、あらためて復刊したい旨をおふたりに伝えた。

直人さんが、「いいよね、かあさん」と聞いた。

奥さまは、にっこりと笑いながら、「天国にいるおとうさんも踊ってよろこぶと思います」といった。

踊ってよろこびたい気持ちは、ぼくも同じだった。

ぼくの仕事は、ぼくの好きな人の本をつくり、それをひとりひとりの読者に伝えることなのだった。

『昔日の客』の続き

『昔日の客』の本づくりのイメージは、最初からあった。国立国会図書館で受けとったときのあの感じを、大切にしたかった。つまり、布張りの装丁（布装《ぬのそう》）で、つくりたかった。

本づくりの常識では、布装にした場合、だいたい箱とセットで考える。箱に入れずに、布装のまま、書店店頭に長いあいだ置いておくと、布は、蛍光灯の光によって色あせてしまう。

もちろん、色あせるのは、布だけでなく、すべての紙がそうなのだが、布の装丁の場合は、箱やカバーと違って、あたらしいものに取り替えることができない。一度色あせてしまったら、それはほとんど再生不能なのだ。

それでも、布装でつくってみたかった。どんなにお金がかかっても、関口さんの魂がこもった本なのだから、それに相応しい形であたらしい読者に所有してもらいたかった。

ぼくは、『さよならのあとで』のデザインをお願いしている櫻井さんと打ち合わせを重ね、関口直人さんの意見も確認しながら、たくさんの布見本のなかから緑色を選んだ。

さらにその布に箔押《はくお》しをし、裏表紙には、小さな複製の版画も埋め込むことを決めた。

昭和五三年に刊行された『昔日の客』の原本は、立派なクリーム色の箱に入っていて、しかも、口絵には、関口さんの友人の版画家、山高登《やまたかのぼる》さんの手刷りの版画が使われていた。

ぼくの仕事の意義は、その原本にこめられた思いを、どれだけあたらしい『昔日の客』にこめられるかにあるのだった。

発売前の営業は、『レンブラントの帽子』のときと同じく、うまくいかないことが多かった。

『レンブラントの帽子』の場合は、和田さんや荒川先生の名前によって、興味を持ってくれた書店員さんがいたのだが、今回の場合はそれがなかった。

ただ、山王書房には実に多くの文士たちが足を運んだのであって、ぼくはたとえば、三島由紀夫や、本書には出てこないが、沢木耕太郎さんの名前などを出しながら（沢木さんの『バーボン・ストリート』に関口良雄さんと『昔日の客』のことが感動的に綴られている）、東京、名古屋、関西の書店員さんに、『昔日の客』の魅力を伝えてまわった。

多くの書店で反応はかんばしくなかったが、一方で、古本を愛する人たちはとても好意的に迎えてくれた。こんなにも多くの人が、『昔日の客』の復刊を待っていたのか、と驚くくらいだった。

善行堂の山本善行さんはもちろん、山本さんの親友であり、書評家の岡崎武志さんも、『昔日の客』の復刊をとても喜んでくれた。

以前、『レンブラントの帽子』が発売された直後に、ツイッターで、「バーナード・マラマッド『レンブラントの帽子』を買い、さっそく近くの喫茶店に駆け込み、表題作を読んだ（中略）すばらしい本です」とつぶやいてくれた人があったと書いたけれど、その人もまた文章を書くことを職業とされている方で、ぼくは、その北條一浩さんに誘われて、岡崎武志さんを囲む会に足を運んだ。

北條さんに実際にお会いするのも初めてだったし、そこに来ている、主に出版業界に携わる人たちに会うのも初めてだった。

会場である居酒屋さんには、岡崎さんを中心に、二〇人以上の人たちが、ビールを飲み、刺身を食べていた。ぼくは緊張していたから、いつもより急ピッチでビールを飲み続けた。

やがて、会は自己紹介の時間となり、ぼくは、「今度、『昔日の客』という本を復刊します。たくさんの人に読んでもらえるよう、全力でがんばります！」と大きな声でいった。

そうすると、みなが拍手でこたえてくれた。岡崎さんは、「『昔日の客』が復刊されるなんて、すごいことですよ。いままでいろんな出版社から復刊されるという噂が出たけれど、どれも実現はしなかった。それがいよいよ夏葉社から復刊される。みなで応援しましょう」と、よく通る声で会場にいる人たちにいった。

ぼくはうれしくてたまらない一方で、なぜみんな、こんなによくしてくれるんだろう、と不思議な気持ちがしていた。

ぼくは相変わらず緊張していて、とくに岡崎さんには、お会いする前から『古本道場』（ポプラ社、二〇〇五年）という岡崎さんの著作を読んでいたこともあって、なにもしゃべることができず、遠くから様子を伺い見るだけであった。

そうして、会は解散となり、ぼくは駅までの帰り道で、岡崎さんのところへ小走りに近寄っていって、「ありがとうございます」と頭を下げた。

「がんばってな」

岡崎さんはなんでもないというふうに返事をした。

ぼくはなんといっていいのかわからず、また、どのようにお礼の気持ちを伝えれば

いいのかもわからず、

「ぼくの田舎は高知の室戸で柑橘《かんきつ》類が美味しいんです。お送りしましょうか？」

といった。

「いらないよ」

岡崎さんは笑ってこたえた。

九月二〇日、西荻窪《にしおぎくぼ》の「西荻ブックマーク」というイベントで、『昔日の客』の先行販売が行われた。

来る人来る人が、緑色の布に包まれた、あたらしい『昔日の客』を買ってくださった。また、トークイベントのなかでも、『昔日の客』がついに復刊されました」と岡崎さんが宣伝してくださった。

イベントには、関口良雄さんの奥さまも、直人さんもいらっしゃっていた。

打ち上げのとき、直人さんは、父の本が復刊されてうれしい、といって、涙を流された。

ピースの又吉さん

『昔日の客』は、初版二五〇〇部を刷ったのだが、あっという間に増刷になった。信じられない思いだった。

インターネットを中心に、いろんな人がこの本を褒めてくれ、取り扱ってくれる書店も日に日に増えていった。ぼくは、この凝った本をつくるために、また借金を重ねることになったのだが、この調子でいけば、来年から返済をはじめることもできそうだった。

けれどぼくは、はやくも息切れ状態になっていた。『昔日の客』を実質三ヶ月でつくり、増刷記念に『関口良雄さんを憶う』という追悼文集まで復刻することになったので、毎日いそがしかった。

さまざまなイベントをとおして、たくさんの人とも知り合いになり、メールのやりとりも、人と会う機会も、それまでとは比べられないくらいに増えた。だれも知らなかったぼくひとりの小さな出版社が、すこしずつ皆から認知されていくのを感じた。けれど、そのよろこびと反比例するように、ぼくの頭のなかの混乱は増していった。

ぼくは、人と会ったり、話したりするたびに、もっと期待にこたえなきゃ、もっともっとがんばらなきゃ、と思うのだが、気持ちばかりが空回りして、頭も身体もまるでついていかないのだった。

そのころのぼくは、事務所に行っても、日がな一日、ぼーっとするばかりだった。

『昔日の客』の発売から九ヶ月経った二〇一一年の六月、ぼくは三冊目の本である『星を撒《ま》いた街』の営業で、大阪に行っていた。この本は、関口良雄さんがもっとも愛した作家のひとりである上林曉の短篇撰集であり、作品をあらたに選んでくださったのは、善行堂の山本善行さんだった（山本さんもまた上林曉の大ファンだったのだ）。

ぼくは、山本さんの文学にたいする情熱にあこがれていて、山本さんのあふれんばかりの文学への思いを、なんらかの形で本にまとめたいと思っていた。一方で、高知とつながる仕事をしたいという願いもあって、この上林曉こそが、ぼくにとって、この南国の地を代表する文学者なのであった。

ぼくがこの本をつくっていたときは、上林曉の著作はみな絶版であった。ぼくは、『レンブラントの帽子』と『昔日の客』の復刊をとおして、新刊で本を買えるようにすることが、作家の命にあらたな息を吹き込むことなのだと知った。

過去の領域にいた作家たちは、あたらしい装丁で、あたらしいたたずまいで、書店の店頭に並ぶことによって、まるでこれまでとは違った作家のように、みずみずしく見えた。

作家たちは、あたらしい読者に、その名を呼ばれれば呼ばれるほど、生き生きと輝いた。

すくなくとも、ぼくには、そういうふうに見えた。

『星を撒いた街』の営業のときから、ぼくはやり方を変えた。新規開拓はやめて、これまでお世話になっている書店に、ちゃんと顔を出すことに徹しようと思った。

その日は、創業時から応援してくださっている、大阪・水無瀬《みなせ》の長谷川書店さんに行っていた。

ひとしきり長谷川さんとしゃべって、帰りの電車のなかでスマートフォンをひらくと、ツイッターのフォロワーの方が、お笑い芸人のピースの又吉《またよし》さんがラジオで夏葉社のことを褒めていましたよ、とぼくに教えてくれていた。しかも、小島慶子さんの「キラ☆キラ」という、人気ラジオ番組のなかでだという。

ぼくは、さっそくスマートフォンから「ポッドキャスト」にアクセスして、阪急電車のなかでラジオを聴いた。

又吉さんは、番組のなかで、『昔日の客』をお勧めの本として挙げて、

「なにより、むちゃくちゃ本が好きなのが伝わってくる文章なんですよ。絶対本好きな人がつくった本ですよね」

とおっしゃっていた。

ぼくは、涙が出るほどうれしくて、電車のなかで、五回も、六回も、ラジオを聴いた。

その日以来、ぼくは、又吉さんにお礼の気持ちを伝えたい、と考えるようになった。けれど、又吉さんは、テレビで見ない日はないくらいの売れっ子だし、それ以前にぼくは、又吉さんにお会いしたことも、お話ししたことも、まったくないのであった。

そのころちょうど、『星を撒いた街』が完成した。櫻井さんがふたたびデザインを担当してくれたそれは、想像以上に美しい本で、ぼくは本が事務所に届いたその日のうちにみんなに見せたくて、すぐに、東京の古書店に納品しに出かけた。

お世話になっている下北沢の古書店、「古書ビビビ」さんに伺っていたとき、ぼく

は、なんとなく、「又吉さんはこちらによく来たりしますか？」と店主の馬場さんに聞いた。

馬場さんは、「来ないですねえ」といった。

「でも、来るかもしれませんね。又吉さん、本当に本が好きだから」

馬場さんが思いついたようにそういうので、

「じゃあ、もしいらっしゃったら、この新刊を、ぼくからということで、プレゼントしてもらえませんか？」

とぼくはいった。

「じゃあ、来たら、渡しておきます」

お互い、半分冗談のような気持ちだった。

さらにつけくわえるなら、こんな話をしたのは馬場さんとだけであった。

それから、約二週間後のこと、本当に、又吉さんが、「古書ビビビ」にいらっしゃった。

しかも、馬場さんの話によると、又吉さんは、ぼくがつくった『星を撒いた街』を持って、レジに来たというのである。

以下は、又吉さんのお話である。

そしたら、いままで喋ったことなかったんですけど、店長さんが、

「又吉さんですよね？」

「あ、そうです」

「夏葉社の人から、この本は又吉さんが来たらお代はいらないっていわれてるんで」って。

ぼく、行きつけともどこでもいってないし、「本当ですか？」ってその本だけはいただいて。

本当に、『昔日の客』の作品の世界観が、現実に起こったみたいな。

又吉さんは、テレビ東京の「ざっくりハイボール」という番組で、身近に起こった奇跡として、このときのことを話された。

ぼくと馬場さんは、あの日、又吉さんに本を渡せたということをふたりで喜んでいただけなのだが、テレビであらためてそのときの話を聞くと、とても感動的なできごとなのだった。

日々の仕事

三作目の『星を撒いた街』を編集しているころも、毎日忙しかった。圧倒的に仕事の量が増えたというわけではない。おそらく、ぼくの精神的なキャパシティが、人よりもだいぶ小さいのだ。

毎朝一〇時に事務所に来て、メールのチェックをする。急ぎのものはすぐにかえして、そうでないものは午後にかえす。それから三〇分くらい、ツイッターを見たり、古本をインターネットで探したりする。そうすると、もう一一時を過ぎている。

ぼくは、その日一日の仕事のスケジュールを組み立てて、発送しなければいけない荷物があるときは、書籍の発送の準備をする。請求書をパソコンで打ち出し、住所と納品書を手書きで記して、本を梱包材《こんぽうざい》でくるんで、段ボール箱に入れる。

荷物が大量でないかぎり、最寄りの郵便局に自分の手で持っていく。だいたい、そのころになると、「ああ、あれをしよう。これをしよう」と思いつき、午後の予定に組み入れる。

一二時になると、昼食を食べに外に出る。行く店はだいたい決まっていて、牛丼屋か、ラーメン屋か、大戸屋《おおとや》である。考えごとをしたいときは大戸屋に行き、そうでないときは、牛丼かラーメンをちゃっちゃと胃のなかに放り込んで、懇意の書店へ行く。そこで、書店員さんとすこしだけしゃべる。孤独を癒しているのである。

一三時になると、ふたたびパソコンに向かうが、ご飯を食べたあとは、あまり集中力がない。そうして、三〇分くらいかかって、ようやくエンジンがかかりはじめる。編集作業があるときは、テキストデータをつくったり、校正作業をしたりする。編集が終わっているときは、営業用のチラシをつくったり、書店用のＰＯＰをつくったりする。どちらも済んでいるときは、次の企画をぼんやりと考えている。こういう企画をやってみたいが、すでに他社から出版されていないか。出版されているとしたらどんな感じなのか。そういうことを、近所の書店に行って確認したり、武蔵野市立中央図書館に行って調べたりしている。

そうこうしているうちに、メールや電話であたらしい「やるべきこと」がまいこんでくる。著者からのメールや、個人のお客さんからの注文や、役所関係への各種提出書類や、その他さまざまな相談事。

たとえば、ぼくの会社のような小さな出版社にも、原稿の持ち込みはある。創業当時は、それらにもちゃんと目をとおして、お断りの返事を出していたが、いまはその余裕がない。

年に三、四件くらいは、出版社を立ち上げたいのですが相談にのってください、という人も事務所にやってくる。その人たちにたいしては、できるかぎり具体的なお金のことを伝える。

ぼくは借金も抱えているし、出版社としてちゃんと利益も出せていない。給料も低い(二年目までは、手取り八万六〇〇〇円だった)。それでもよければ、やったらいいのではないでしょうか。そんなふうに話す。

気がつけば、あっという間に夕方の五時だ。たまっているメールをかえしたいのだが、だいたい午後の仕事が予定通りに終わっていなくて、それをやっている。一九時ごろに、やっとメールをかえす。そのあとに、余力があれば、ブログを更新したり、帳簿をつけたりしている。事務所を出るのは、だいたい二〇時から二二時のあいだだ。

毎日なにかに追われながら、夜まで仕事をしているけれど、その代わり、土日はきっちり休む。

それと、どんなに遅くなっても、それがたとえば朝の四時であっても、会社には絶対泊まらないことにしている。お金に余裕があるときはタクシーで、ないときは、マンションの一階に置いている自転車で、世田谷の自宅まで帰る。

ぼくは、プライベートの空間と、仕事の空間を、きっちり分けたいのだ。

だれか人を雇えばいいのに。

そんなふうにいわれることもある。実際、雇ってみたいと思ったことも一度や二度ではない。

けれど、それは無理だ。

ぼくひとり食べるだけで精一杯なのに、だれかの人生の責任を負うことなどできない。

それに、ぼくにはつくりたい本がそんなにはない。

ベストセラーを出したい、という野心もない。

いつでも、どんなときでも、日々の仕事にいっぱいいっぱいなのだ。


『さよならのあとで』

高橋和枝さんは、月に一度、ひんぱんなときは、週に一度、モノクロのイラストを送ってくださった。町の景色や、花や、人や、犬や、星。

この絵はこの詩の言葉に合わせて、というのではない。詩の雰囲気に合わせて、とにかく思いつくものを描いてもらっていた。

ぼくは、送られてきたそのイラストをプリントアウトして、そこから広がるさまざまなイメージを、なんとか形にしようとした。

たとえば、A4のコピー用紙の右半分に詩の言葉を置き、左に高橋さんのイラストを糊で貼って、それを一冊の本の一ページとして眺める。そして、イラストの大きさを、五パーセント刻みで拡大、縮小をして調整し、さらに、そのイラストの位置を、上下左右にずらしたりして、イラストと詩のバランスを確認する。

『さよならのあとで』をモノクロでつくると決めてから、約一年。なんとなく、本の全容が見えてきたときに、東日本大震災が起こった。

ぼくは、そのとき、飲みものを買いに外へ出かけていて、冷たい缶コーヒーを右手に持って、エレベーターを待っていたのだった。

すると、エレベーターが異常な音を立てて、真っ暗なまま降りてきた。同時に、地面がグニャグニャになるような感覚が足に伝わってきた。いそいでマンションの外に出ると、女性の悲鳴が聞こえた。遠くでガラスが割れる音がした。電線が踊るように揺れていた。

その日以来、『さよならのあとで』の進行は止まってしまった。

ぼくは、従兄ひとりの死に自分の感覚を集中させて、この本をつくろうとしてきたが、三月一一日を境に、突然一万八〇〇〇人以上の人がいなくなってしまうと、自分がなにをつくっているのか、さっぱりわからなくなってきた。自分が見ていた『さよならのあとで』の世界が、急に安っぽく見えた。

もっといえば、本の価値すら、安っぽいものに見えたのだった。それまでは、本には人のこころを救う力があると信じていたが、水がない、食べ物がない、という世界において、美しい本にはなんの価値もなくなってしまったように思えた。

ただの趣味の世界じゃないか。

ぼく自身が思うというよりも、社会全体が、そういっているような気がした。

震災から五ヶ月後、ぼくは、友人と石巻《いしのまき》に行った。そこに行けばなにかがわかるだろう、と思っていたわけではなかった。そうではなくて、自分が思い描いているもの

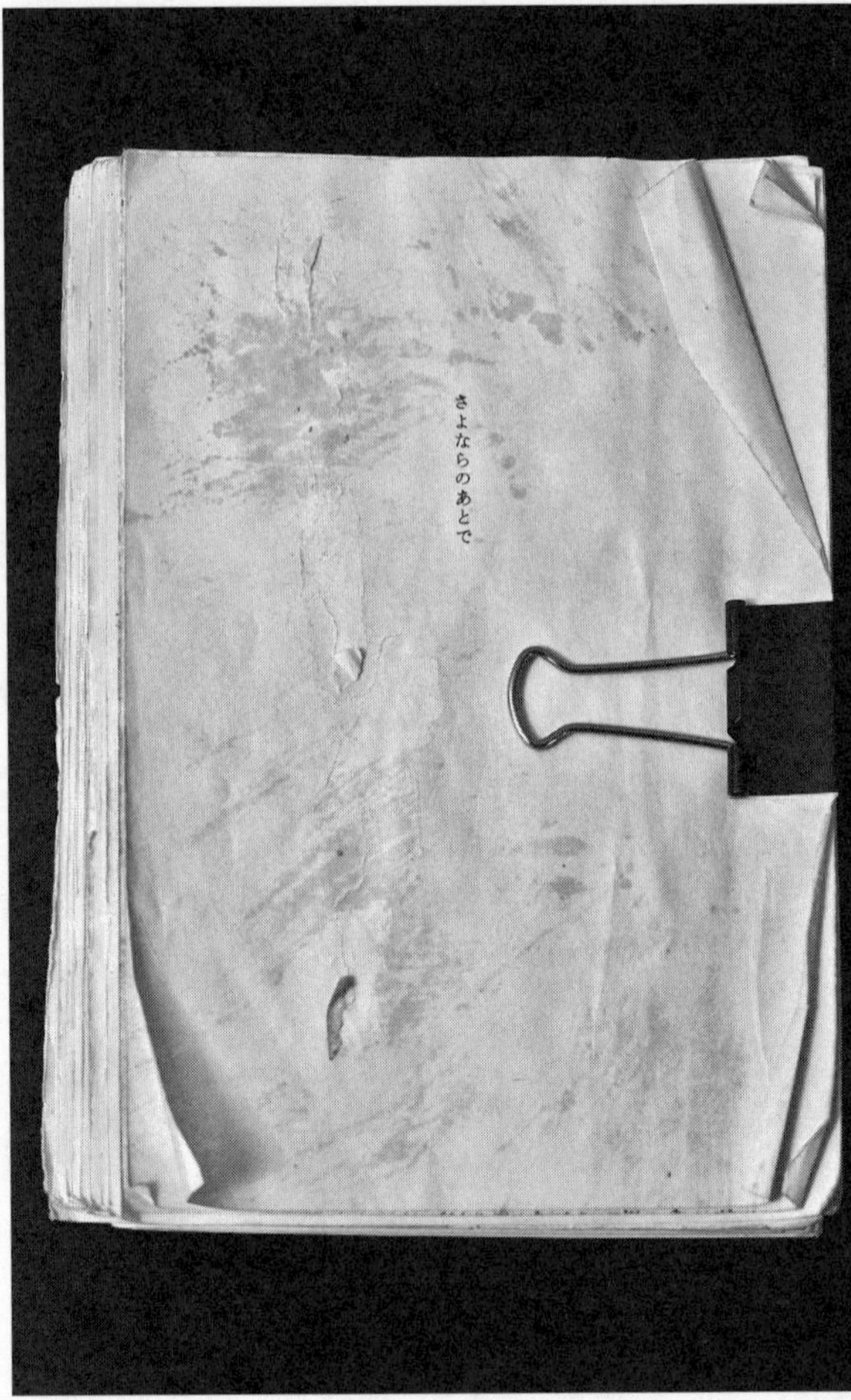
さよならのあとで

が、間違ったものではないか、あるいは、甘ったれたものではないか、そういうことが知りたかった。

高橋さんからのイラストは、このころ、すでに一〇〇枚近くにたまっていた。あとは、それをぼくが取捨選択し、並び替えるだけであった。

けれど、何度並び替えてみても、ぼくにはよくわからなかった。いつも、なにかが違うような気がしていた。

ぼくには、それがなんなのかはわからなかったが、その「なにかが違う」という意識を、可能なかぎり研ぎすませることで、本の全容が見えてくるような気持ちがしていた。

友人とは仙台で待ち合わせをした。駅前のレンタカー屋さんで車を借り、一日かけて、石巻、南三陸、気仙沼《けせんぬま》とまわった。

被災地に入ると、信号機は止まったままで、路地の奥に入ると、アスファルトの道路のうえに、泥のついたウィッグや、デジタルカメラが転がっていた。かつて港だった場所は海水の下に沈み、住宅地だった場所には夏の草が生えていた。

次の日は、石巻の缶詰工場で、泥にまみれた鯖《さば》の缶詰を洗うボランティアをやらせてもらった。

ぼくに仕事を教えてくれた方は石巻在住の男性で、七人の従兄弟が津波にのまれて亡くなったといった。

「でも、おれなんかマシなほうだよ。子どもを亡くした人たちに比べれば、嘆いてなんかいられないよ」

男性はなんでもないというふうに、そう話した。

その二ヶ月後、ぼくはふたたび、友人と、石巻、南三陸、気仙沼をまわった。夏に見たときはすべてが目に痛かったが、二度目に見たときには、ただただ、あれからずいぶんと長い時間が経ってしまった、と思うのだった。

それは、取り返しのつかないことをした、という気持ちに近かった。

見上げるくらいの高さに積まれた瓦礫《がれき》の山。建物の上に流され、モニュメントのように残った観光バス。

それらは、二ヶ月前とまったく同じ形をして、ぼくの目の前にあった。

ぼくは、東京に帰ってくるなり、『さよならのあとで』の制作に没頭した。

できるかぎり、本の形をシンプルにしようと思った。

それまでは、高橋さんのイラストを本の中心に据えて、本をつくっていたが、そうではなく、なにもない真っ白なページを、とにかくたくさん増やしていった。それは、編集の意図を、可能なかぎり「ゼロ」にするということでもあった。

ぼくには、自分のかなしみのことはわかるけれど、ほかの人のかなしみのことはわからなかった。

そう理解できたことが、いってみれば、被災地を見てまわり、いろんな人の話を聞いて、ぼくが学んだことだった。

ぼくが従兄を亡くしてかなしんでいるということと同じように、たくさんの人がかなしんでいる。

それらのかなしみは、とても似ているもののように思えるけれど、一〇万人の人がかなしんでいれば、一〇万人のかなしみは、すべて、それぞれ違う。いつまでも、同じものにはならない。

夜、眠るとき、不安でおそろしくなる。車を運転しているとき、急に、心臓が止まりそうなくらい苦しくなる。その人が永遠に姿を現さないということは、とうてい頭で理解できることではない。料理をしているとき。テレビを見ているとき。仕事をしているとき。目をつむって、髪の毛を洗っているとき。突然、その人の不在が、胸にせまる。涙も出ない。動けなくなる。

ぼくは、その個別のかなしみに寄り添えるような本をつくりたいのだった。

表参道で会いたい

二〇一二年の一月、会社に到着した『さよならのあとで』の見本を見るなり、ぼくは、とても不安になった。

できたばかりのその本は、ぼくが頭で思い描いていたよりも、ずっと、真っ白だった。そっけないくらいに、白かった。

ぼくは事務所のなかで、何度も『さよならのあとで』を読み返したが、イラストも、言葉も、まったく頭に入ってこなかった。水を飲んでいるように、最初の一ページから、最後の一ページまで、なんの引っかかりもなく、すぐに読み終えてしまうのだった。

印刷に入る前に、何百回も読んでいるのだから仕方がない。

そんなふうに考えてもみるのだが、それでも、不安をぬぐい去ることはできなかった。

高橋さんもまた、複雑な気持ちのようだった。

高橋さんは、ぼくが郵送した『さよならのあとで』を受け取ったあと、自身のブログに長い文章を綴った。

そのブログを読むと、胸が痛くなった。

「何か別の仕事と平行してすすめることができなくて、また、別の仕事が忙しくて一度手が離れてしまうと、もういちど『さよならのあとで』へ戻るまでの気持ちが重くて、たびたび投げ出したくなりました。

『さよならのあとで』に関わっている三年間に、家族が倒れたり、いろいろなことがありました。

そういうときにこの本について考えるのはとても嫌だったりしました。

……

出来上がった本についてあまりマイナスなことを書くべきではないと思うのですが、でもとても正直なところ、この本のわたしのイラストはあまりよくないというか、へたくそだし、ツメの甘さが目立つし、リズムが乱れてしまっていたり、「これしかできなかった」という思いでいっぱいです。

でも一方で、これが、今わたしにできる精一杯でもあります。

……今まだ、直視することができないほど、いっぱいいっぱいで冷静にこの本を手にとることができません」

高橋さんのイラストはどれもすばらしかったし、本に載せていない作品のなかには、本に掲載しているものよりも、完成度の高い作品がいくつもあった。けれど、ぼくはシンプルにつくるという方針に照らし合わせて、それらを外してしまった。

ぼくは、高橋さんの、自信なさげに見えて、けれど強い意志がある、そんなイラストが好きだった。饒舌《じょうぜつ》に語らず、生活の時間をハサミで静かに切り取ったような絵に、こころを奪われていた。

完成した『さよならのあとで』のなかには、ぼくが思う、高橋さんの魅力はしっかりと詰まっていた。

けれど、これが正解だったのか、というと、まったく自信がなかった。

ぼくは、高橋さんと同じく、精一杯やった、ということに関しては、自信をもっていうことができたが、もっと腕のいい編集者がつくったら、もっとすばらしい本になったのではないか、とも思うのだった。

ぼくは、高橋さんに、申し訳なく思った。

もう二度とお会いできないのではないか。そんなふうに思えて、『さよならのあとで』を手にとる気すら失いつつあった。

落ち込んでいたぼくを励ましてくれたのは、お世話になっている書店員さんたちだった。

これはいい本だからちゃんと売ります。

そういってくださった書店員さんは、ひとりやふたりではなかった。

ある人は、友人が自殺をしたことをぼくに打ち明け、ずっとずっと『さよならのあとで』を売り続けていきます、と話した。

ぼくにも、高橋さんにも、自信がなくても、本を売るプロの人たちがそういってくれるのだから大丈夫だ。

そう思うのに、たくさんの時間はかからなかった。

しばらく経つと、ぼくのもとには、月に一度くらい、親しい人を亡くしたという読者から、電話やメールが来るようになった。

ある女性は、最初から泣いていた。電話の向こうで、主人が亡くなってつらいのだと話された。そして、『さよならのあとで』の詩が、主人からの言葉のように聞こえてきた、とおっしゃった。

二〇一二年の一二月には、表参道の山陽堂《さんようどう》書店さんで、『さよならのあとで』展をやらせてもらった。本に載せられなかった高橋さんのたくさんの絵を、ギャラリーの二階と三階をつかって、たくさんの人に見てもらった。

ぼくにとって、表参道は、従兄と遊びに来た、思い出深い街だった。山陽堂書店さんの並びの靴屋さんで、ケンと一緒に靴を買い、ぼくはそれを、ケンの形見として叔父と叔母から譲り受けていた。

ぼくは、ギャラリーの挨拶文として、以下の文章を書いた。

「君がこの世を突然去ったとき、ぼくがどれだけ悲しかったか。どれだけ怖い思いをしたか。君は知らないでしょう。

からだが、こころが、その日を境に、すべて入れ替わったような気になって、何もかもが上手くいかなくなって、全部が全部、君が悪いんだと思うようになりました。君がいない日本を、めちゃくちゃに歩きまわって、君に会いたい、とずっと思っていました。

ぼくは、日本中を歩きまわる代わりに、たくさんの本を読みました。そして、ある一冊の本の中で、この「さよならのあとで」という詩に出会いました。

それは愛息を喪ったある父親の手記で、彼は外国でたまたま目にしたその詩を、自らのために翻訳していたのです。

最初、ぼくはこの詩を、君の両親に送りました。それから、自分のために、A４の用紙に印刷して、毎日のように眺めていました。

この詩を、もっときれいな形で、もっと丈夫な形で残したいと思うようになったのは、いつの日のことだったか、覚えていません。

でも、ある日、ぼくの両親に、この詩を本にしたい、そのために出版社をつくりたい、だからお金を貸してほしい、といいました。それまで編集をしたことはなかったのですが、そのときのぼくにとって、人生でやりたいことは、この本をつくることしかなかったのです。

それから、三年以上経ち、高橋和枝さんの力を得て、『さよならのあとで』ができました。すべてのことが手探りでしたが、毎日、高橋さんの絵に励まされ、なんとか形にすることができました。

君がいなくなって、もうすぐ五年になります。

いまでも、ぼくは君が恋しいです。

表参道で、君と、もう一度だけ、会いたいです。」

2

よろこびとかなしみの日々

『冬の本』のよろこび。その一

二〇〇〇年にミュージックマガジンから刊行された『無人島レコード』という本が、大好きだった。何回も、何回も読んで、一語一句とはいわないまでも、ほとんどの文章を覚えてしまって、それでもまた読もうとするものだから、ある日、もっと違う本も読まなきゃと思って、衝動的に捨ててしまった。

むかしから、こうした音楽の名盤ガイドや、ブックガイド、もっといえば、『プロ野球選手名鑑』や、『プロレスラー大図鑑』のようなものが大好きで、ぼくにとって本の原点というのは、絵本や物語よりも、こうしたガイドや図鑑にある。

一冊の本のなかで明かされる、ある世界の全体像。それは、抽象的なものではなく、すべてを目でたどり、読むことのできる、可視的な全体像だ。それを枕元や、お風呂、トイレなど、部屋のいろんなところで開いて、いつまでも眺める。

小さな世界が、すべてこのなかに詰まっている。

手のひらをとおして伝わってくる、その感覚こそが、本の魅力だと思う。

ぼくも、いつかそういった本をつくってみたかった。小説や随筆集でなく、いろんなものが、小さな本のなかにたっぷりと詰まった、ガイド的な、図鑑的な本。

前述の『無人島レコード』は、青山南先生や、柴田元幸先生、鈴木慶一さんや、直《な》枝《え》政広さんといった人たちが、「無人島にレコードを一枚持っていくとしたらなにを選ぶか」という問いに答える本なのだけれど、ぼくは最初、そのアイディアをそのまま借りて、『無人島本』という本をつくったらいいのではないか、と考えていた。

レコードではなく一冊の本というお題で、たくさんの人にマイ・フェイバリットを、無人島の生活を、綴ってもらうという企画である。

ぼくは、阿佐ヶ谷《あさがや》の喫茶店で、ライターの北條一浩さんに、「無人島本」というアイディアってどうでしょうかね、と相談をした。

北條さんは声がやさしくて、聡明で、いろんな人の気持ちがわかる人だった。

北條さんは、そのやさしい声で、「いまひとつだと思いますね」といった。

ぼくは北條さんが乗り気であれば、ふたりで「無人島本」をつくりたかったのだった。

というのも、もし企画を進めるとしたら、ぼくは、できるだけたくさんの人に、「無人島に一冊だけ本を持っていくとしたらなにを選びますか？」と聞いてみたかったのであり、そのためには、たくさんの人（一〇〇人くらいを想定していた）と、いちから関係をつくっていかなければならなかった。ひとりでは、とてもじゃないけれど、そんな仕事はできなかった。

「たくさんの人に、一冊の本について語ってもらう、そんな本をつくりたいんですよね」ぼくはいった。

「わかります」北條さんはこたえた。「でも、『無人島本』というのは、どちらかというと、男性的な趣味の世界だと思うんですよ。そうではなくて、せっかくやるのであれば、もっと開かれた、あたらしいことをするべきだと思うんですよ」

なるほどなあ。

ぼくは、北條さんの言葉に納得しながら、その「あたらしいこと」について、考えを巡らせた。

けれど、もちろん、そんなものはすぐに思いつかなかった。

その翌週もまた、北條さんと阿佐ヶ谷の喫茶店で、たくさんの人が一冊の本を語る本の企画について話し合った。

その日、ぼくが持っていったのは、「雨の日に読みたい本」とか、「わたしの積ん読」とか、そんな企画であった。

どれもが時間をかけて考えた企画だったが、内心では、みんないまいちだと思っていた。北條さんもいくつか企画を持ってきてくださったが、どれも、お互い納得できる内容のものには発展していかなかった。

それで、ふたりで二時間くらい思い悩んでいた。コーヒーは冷めて、水ばかりを飲んだ。

ぼくは、「『冬の本』って、どうですか？」と、苦しまぎれにいった。

「『冬の本』、いい響きですね」北條さんが笑顔でいった。

ぼくは、北條さんと打ち合わせる半年前くらいに、『春の本』という本をつくりたいと思っていた。

東日本大震災が起きてから、ぼくのこころは暗くなった。出版社は、本は、社会にたいしてなにができるのか？　そんな大きなことばかりを考えて、身動きがとれなくなることがしばしばあった。

そんなときに、『春の本』というタイトルが、パッと思い浮かんだ。

季節はちょうど冬に入ろうとしていたころで、ぼくは、二〇一二年の三月、つまり、震災の一年後に、春を祝福する本を出せたら、と考えるようになった。

けれど、その本は、タイトル先行の本で、具体的な中身はなにもなかった。春の写真があって、春を祝福する詩があって、そんなところまでは漠然と思い浮かぶのだが、そこから先がまったくわからなかった。

ぼくは、お世話になっているデザイナーの櫻井さんに、

「『春の本』をつくってみたいんです。春を祝福するようなきれいな本で、春のすばらしさが一冊にまとまった本なんです」

と、相談してみた。

けれど、櫻井さんは、ピンと来なかったようで、

「それは具体的にどんな感じですか？」

と、ぼくに問うた。

ぼくもさっぱりわからなかったので、

「なにかアイディアはありませんか？」

と、逆に櫻井さんに聞いた。

櫻井さんは、困ったように笑っていた。

つまり、ぼくが北條さんに話した『冬の本』とは、ぼくにとって、『春の本』の単なるいい換えに過ぎなかったのだった。

『冬の本』のよろこび。その二

「『冬の本』、いい響きですね」

と北條さんはおっしゃったが、ぼくは、最初、北條さんが嘘をいっているのではないか、と思った。早く打ち合わせを終わらせたくて、それで、「いいですね」といっているのではないかと思った。

「ほんとうにいいですかね？」ぼくは聞いた。

北條さんは、「松浦寿輝《ひさき》さんが『冬の本』という詩集を出されていて、ぼくは、はじめてその本を見たとき、とてもいいタイトルだなあ、と思ったんです」といった。

「そうですか」

ぼくはまだ半信半疑であった。

けれど、北條さんが、冬の本、冬の本、と何度もいうのを聞くうちに、ぼくもだんだん、いいなと思うようになっていった。

冬の本。たとえば、冬になったら読みたくなる本。たとえば、冬になったら思い出す本。たとえば、寒い雪の日に買って帰り、ストーブの火を灯して、読みはじめる本。それを、たくさんの人が、思い出たっぷりに語る。

うん。とてもいい。

ぼくは、北條さんと具体的な内容を話し合ううちに、『冬の本』の世界に、どっぷりと浸っていった。

企画もタイトルも決まれば、あとは動き出すだけであった。

ぼくは、北條さんとふたたび阿佐ヶ谷の喫茶店で会い、『冬の本』の編集方針を話し合った。

といっても、議論することなど、ほとんどないのだった。とにかく、ぼくたちが好きな人に原稿を依頼する。無理そうだとか、受けてもらえそうとか、そういう野暮《やぼ》なことはいわない。お互いの好みに関しては、口をはさまない。ぼくと北條さんは、あっという間にそれらのことを決めた。

ただひとつ、書評家や評論家といった本の紹介のプロはできるだけ避けよう、ということだけを決まりにした。ぼくたちは、こちらが舌を巻くような軽妙な本の紹介よりも、もっと書き手個人の記憶が見えてくるような、そんな「冬の本」が読みたかったのだった。

ぼくは、日本のロックが好きなので、たとえば、ムーンライダーズの鈴木慶一さん、カーネーションの直枝政広さん、キリンジの堀込高樹《たかき》さん、曽我部《そかべ》恵一さんに原稿を依頼したいといった。

北條さんは、敬愛する作家である片岡義男さん、岩瀬成子《じょうこ》さん、武田花さん、山田太一さんに原稿を依頼したいといった。

「あたらしい万年筆を買いたいな」北條さんはいった。

北條さんがそういうので、ぼくも万年筆がほしくなった。

美しい濃い青のインクで、好きな人たちにたくさん手紙を書きたかった。

それからの数ヶ月間、ぼくと北條さんは、仲睦《むつ》まじいカップルのように、毎日のように連絡をとりあって、○○さんから返事が来た！　○○さんが原稿を書いてくださるとおっしゃった！　と報告をしあった。

手紙を書くのは、まったく苦ではなかった。それはなんというか、それまでの人生を支えてくれた恩人たちに対する、一種のラヴ・レターのようなものであった。

ぼくがいまよりもっと若くて、ぼくのことをだれも理解してくれないと嘆いていたとき、彼らの作品がぼくをどれだけ励ましてくれたか。

ぼくは、事務所で、毎日手紙、ないしはメールを書き、来る日も来る日も作家たちの連絡先を調べ、返事を待った。

それはまるで、二度目の青春のようだった。

出版社をたたみたい

原稿をまとめ、校正者さんに確認してもらい、デザインの細部を詰め、赤字を反映させて、やっと、印刷会社に入稿をする。数日後、ゲラを印刷会社から受け取り、何度も赤字を確認して、印刷にまわす。

翌日からは、遅れていた営業の仕事をする。まだ行けていない書店や、行ったけれどお会いできなかった書店員さんを訪問する日々が続く。

そうこうしているうちに、見本が届く。ぼくは最低限の確認をして、すぐに発送に取りかかる。注文をいただいた冊数をたしかめ、納品書を書き、次々に段ボール箱に詰めていく。

同時に、著者とお世話になっている方へ献本をする。ご無沙汰している方には手紙を書き、ぼくは真新しい本の入った封筒を胸にいくつも抱え、近所の郵便局へ小走りに持っていく。

いよいよ発売日になると、今度は注文をくださっている本屋さんへ、自分の足で納品しに行く。ぼくは、本がたっぷりと入ったリュックを背負い、右手にトートバッグを持ち、左手でトラベルバッグをガラガラと引きずりながら、吉祥寺、西荻窪、阿佐ヶ谷、下北沢、池袋、日暮里《にっぽり》、西日暮里の古本屋さんを訪ね歩く。

そうして、あわただしい一ヶ月間が過ぎていく。

ぼくはこれらの一連の仕事を終えたあと、よく、「出版社をやめたい」と思ってしまう。

よくやった。もう十分やった。

そんなことばかり考える。こころが一杯なのである。

実際、発売になるまでの直前の一ヶ月は、余裕がまったくなくて、ああ、限界だ、もうダメだ、ぼくは大失敗をするかもしれない、という思いで、仕事をしている。

ほかに頼りにできる同僚がいれば、愚痴《ぐち》もこぼせるけれど、愚痴をこぼす相手がいないから、「ああ、もう!」と嘆くだけである。

ぼくはあらゆる手段をつかって、疲れた頭を新鮮にし、とにかく、手を、足を、動かす。そして、なにかをしながら、またはどこかに移動しながら、発行部数や、定価、帯の文言など、考えなければならないことを考え、ひとつずつ決めていく。

そうして、やっと全部の仕事を片づけると、ほっとするというよりも、ただただ疲れている。

なにも考えたくないし、どこにも行きたくない。

ぼくは、このまま消えてしまいたいような気持ちで、電車に乗り、家へ帰る。

けれど、出版という仕事をしている以上、本をつくって、納品するだけで終わりというわけにはいかない。完成した本が書店をとおして読者に届き、読者がそれをいいと思ってくれて、そこではじめて、ぼくの仕事は完結する。

いくら、ぼくがいいものをつくったと思っても、本が全然売れないのであれば、仕事はいつまで経っても終わらない。

ぼくは、いつか、袋小路に入り込んで、だれもほしいと思わない本をつくってしまうような気がしている。

たとえば、ある失敗を機にお金に困り、マーケティングなどといいだして、これまで培ったノウハウで、自分が必要としてはいない本をヒョイヒョイとつくってしまうように思う。

ほしいかほしくないかと聞かれたらそんなにほしくないけれど、でもきっと、読者がほっしていると思うんだ。

そんなことをいいはじめたら、ぼくの仕事は終わりだ。

毎日、気持ちが、グラグラしている。

もっと、こうしたほうがいいと思いますよ。

そういわれると、ああ、そうか、と思う。

これを出したら売れると思いますよ。

そういうことをいわれると、やってみたい、と思う。

未来が見えない。

一ヶ月先のことも、全然わからない。

本をつくるときは、もしかしたらこれが最後の本になるかもしれない、という気持ちで、つくるようにしている。

これは、夏葉社の最後をしめくくるに相応しい本なのだろうか。

そんなことをぼんやりと考えながら、目の前の仕事に集中する。

そんなことばかり思っているからこそ、本ができあがると、出版社をたたみたい、と思ってしまう。

でも、それは、裏を返して見れば、いい本ができた、という手応えのようなものでもある。

出版社をたたみたいと思うくらい、やりきったと感じることができたなら、できあがった本は、きっと、いい本なのだ。

町の本屋さんが好き

物心ついたときから、本屋さんが好きだった。

ぼくが育った団地の近くには、八百屋さん、魚屋さん、肉屋さん、お米屋さんなどが並ぶ小さな商店街があり、そこに「希望ヶ丘書店」という一〇坪ちょっとの本屋さんがあって、ひまさえあれば、そこへ行った。

希望ヶ丘書店の品揃えは、三分の一が文具で、料理本や、手紙の書き方などの実用書以外、単行本はほとんど置いていなかった。

子どものころは、マンガの棚ばかりを眺めた。この店では、新書サイズのマンガ本を、棚に並べるばかりでなく、子ども向けの小さな棚のうえに、何十冊も積み重ねていた。その、いまにも崩れそうなマンガの「塔」が、四つか、五つ。いちばん下のほうには、たしか、「山止《やまどめ》たつひこ」名義の『こちら葛飾区亀有公園前派出所』があった。

幼かったぼくは、上のほうにある『こち亀』は「秋本治」なのに、なぜ、これだけ違うのだろう、と不思議に思っていた。

ぼくが育ったのは、世田谷という、広大な住宅地であった。小学三、四年生になり、自転車を十分乗りこなせるようになると、ぼくは、いまでも通勤帰りの人たちでにぎわう、「千歳《ちとせ》書店」という三〇坪弱の書店に行くことを、生き甲斐《いがい》のように感じるようになった。

見たことのないマンガがたくさんあって、ぼくはその店で、マンガには発売日というのがあることを知った。書店の壁に貼ってあったその月に刊行されるマンガの一覧を、上から下まで眺めて、今月はあれを買いたい、誕生日にはあれを買ってもらいたいと、いつまでも夢想していた。一週間に一〇〇円のお小遣いでは、なにも買えないのであった。

その代わりというわけではないが、ぼくたちは、友人たちがなにを持っていて、彼らのお兄ちゃん、お姉ちゃんがなにを持っているのかを、熟知していた。いちばんの親友であったHくんは、『オバケのQ太郎 傑作選』の五巻を持っていた（遊びにいくたび、何十回と読んだ）。Sくんのお兄ちゃんは、横山光輝の『三国志』を揃えていて、Mくんのお姉ちゃんは、『タッチ』を買っていた。ぼくたちは手当たり次第になんでも読んだ。

小学五、六年生くらいになると、マンガ以外のものにも興味を持つようになり、ぼくの場合は、高知で生まれたということもあって、幕末関係の本を読むようになった。最初は、小学館の『日本の歴史』のマンガを読み、それから『歴史読本』や、司馬《しば》遼太郎《りょうたろう》の小説を読むようになった。そうした本は子どものお小遣いで買うには高いということもあり、母親に「勉強の本だから」といって買ってもらったり、近くにあった古本屋さんで二〇〇円くらいで買ったりした。

さらに大人になり、中学生になると、自分の足で通える本屋さんは一〇軒以上に増え、ジャンプコミックスを買うならあそこ、マガジンならあそこ、幕末の本はあそこというふうに、子どもの目でそれぞれの本屋さんの特徴を把握し、ますます本屋さんにのめり込んでいった。

こうした体験が、ぼくを本屋さん好きにしたのは間違いない。むしろ、こうした体験抜きにぼくは本の魅力を語ることはできない。何十回、何百回と町の本屋さんに通ったからこそ、新宿の紀伊國屋《きのくにや》書店本店に初めて行ったときは、めまいのようなものを覚えた。世の中には、こんなにも本がたくさんあるのかと、心底驚いた。

大学生になって、もっと広範囲に、いろんなものに興味を持つようになっても、いつも行くのは、近所の本屋さんだった。

ぼくは、町の本屋さんには、大きな書店にはない、二つの「強み」があると思うのである。

ひとつは、小さいからこそ、全ジャンルの本を見られるということだ。

世の中にはどういう本があって、どういうものが人気があり、大人たちはどういうものを買っていくのか。

幼いころから、そうした場所に通っていることで、ぼくは学校では学びえない、いろんなことを知った。その意味で、本屋さんは、社会の、町の縮図だといっていいと思う。

店内を一〇分も歩けば、なんとなくいまの世の中が把握できる。隣町の本屋さんを見て、そこに自分が通い慣れている本屋さんと同じ本があれば、それは人気のある本か、長く読み継がれている本なのだ。

もうひとつは、数がすくないからこそ全部読んでみたい、と思えることだ。

希望ヶ丘書店に並んでいた文庫は、新潮文庫と角川文庫が大半で、文春文庫ですらすくなかった。

文学に興味を持ちはじめたころ、記憶は定かではないが、おそらく一〇〇冊にも満たない新潮文庫の海外文学を見て、ぼくがどれだけ勇気づけられたことか。

マンの『魔の山』も、カフカの『城』もない棚を見て、これなら全部読める（いちばんの難関は『戦争と平和』だ）と思えたことが、ぼくの文学への入り口であったことは間違いない。

一九歳のぼくは、そのなかから、トルストイの『光あるうち光の中を歩め』と、ヘッセの『車輪の下』を買った。

古本が好き

実家の近くに、「あかぎ書房」という小さな、五坪ほどの古本屋さんがあり、入り口の「高価買取」という貼り紙を見て、小学生だったぼくたちは、「高価」というくらいだから、三六〇円のマンガを四〇〇円くらいで買ってくれるのだとばかり思っていた。

ドラえもんはいくらで売れるだろう？　コロコロも売れるのだろうか？　そんな話をしていたときに、友人の寺岡くんが、発売して間もない『キン肉マン』は、さぞや高く売れるに違いないといい、小遣いも稼げるともいうので、「あかぎ書房」に電話をかけて、「『キン肉マン』の一〇巻はいくらで買い取ってもらえますか？」と聞いた。

三〇円だと返事がかえってきた。

「三〇円だって」電話の脇で息をひそめる寺岡くんにそう告げた。寺岡くんはぼくから受話器を受けとると、

「一一巻はいくらで買い取ってくれますか？」と聞いた。そして、「一一巻はまだ発売されてないいんですけど、それで、三〇円なんですか……」と困惑したような声を出

した。

寺岡くんはそれでもあきらめずに、「一二巻はいくらですか？」、「一三巻はいくらですか？」と発売されていないマンガの買い取り値をたしかめた。もちろん、全部三〇円だった。

というわけで、ぼくは長い間、古本屋さんには苦い思い出しか持っていなかったのである。

それから一〇年近く経ち、古本屋さんに足しげく通うようになったのは、やっぱり、マンガがきっかけだった。

大学一年生のころ、行きつけだった祖師ヶ谷大蔵《そしがやおおくら》の「ツヅキ堂書店」をのぞき、子どものころ読んでいた、『オバケのQ太郎　傑作選』が売られているのを見て、なつかしくなり買った。二〇〇円だった。

久しぶりに読んでもおもしろくて、もっと揃えたいなと思い、いろんな古本屋さんを訪ねてみたが、もうどこにも置いていなかった。そのころ、『オバケのQ太郎』はさまざまな事情によって、絶版になっていたのだった。

ぼくは、行動範囲を広げて、神保町の古本屋さんも訪ねてみたが、そこで知ったのは、『オバケのQ太郎　傑作選』は、古本業界では、八〇〇円から一五〇〇〇円くらいが相場だということだった。それだけではなく、ぼくが小学生のころに刊行されていた『藤子不二雄ランド　新編集オバケのQ太郎』（全二〇巻）は、揃いだと二〇万円もすることもわかった。ぼくはその事実にみっともないくらい心を乱した。

その二、三年前、高校生だったぼくは藤子不二雄Ⓐの『少年時代』が読みたくなり、全五巻の「藤子不二雄ランド」版を、近所の新刊書店で集めて買っていた。まだそのころは、近所の本屋さんに行けば、色あせたそのシリーズをちらほらと見かけることがあった。段ボール製の専用ラックに、たしか、『ドラえもん』や『プロゴルファー猿』の端本《はほん》が、不揃いに並んでいた。

そこに、『オバケのQ太郎』があったかどうか記憶は定かではないのだが、あったといわれたら、間違いなくあったような気がするのだった。

大学生は総じて暇だったから、ぼくは自転車をかっ飛ばし、タウンページで新刊書店、古書店の住所を調べて、『藤子不二雄ランド　新編集オバケのQ太郎』を根気強く探す日々をしばらく送った。そして、そのご褒美として、経堂《きょうどう》の「遠藤書店」で『藤子不二雄ランド　新編集オバケのQ太郎』ではなく、『藤子不二雄ランド　新オバケのQ太郎』を六冊まとめて買うことができた。

ようやく手に入れたそれは、藤子・F・不二雄単独の筆による七〇年代の作品であり、ぼくが探していた『新編集オバケのQ太郎』は六〇年代の藤子不二雄両名による合作であった。後者ほどではないが、「藤子不二雄ランド」自体が絶版ということもあり、『新オバケのQ太郎』も、かなりレアな本であった（のちに、ぼくはお金に困り、この六冊を八〇〇〇円で古書店に買い取ってもらった）。

本丸は近い。そう確信したぼくは、ますます精力的に古本屋さんをまわった。そのころは、マンガだけでなく文芸書にも興味を持ちはじめていたので、古本屋さんに行くのが楽しくて仕方なかった。

ぼくは、『オバケのQ太郎』をメインに探しながら、同時に、大江健三郎の初期の小説や、田中小実昌《こみまさ》、ナボコフの小説なども探した。

もちろん、よろこびよりも、がっかりすることのほうが多かったのであるが、代わりに買い求めた一〇〇円の本などを脇に抱えて家に帰ると、労働したあとの充実感のようなものにひたることができた。

ひとり遊び

ひとりで仕事をしていて、さみしくないですか？

よく聞かれる質問のひとつである。

全然さみしくない。

本当である。

でも、それでは、質問した人に対してあまりにそっけないと思うので、「ひとりっ子なんで。むかしからなんで」と伝えることにしている。

実際、朝一〇時から夜の八時くらいまで、ひとりで事務所でゴソゴソと仕事をしていることが多いのだが、さみしい、と思うことは驚くほどすくない。毎日、先物取引の営業もふくめ、何本か電話はかかってくるし、書店に行って知り合いと話すことも多いので、それ以外にだれかと話したいと思うこともない。

退屈じゃないですか？　と聞かれることもあるが、発送から経理まで、全部ひとりでやっているので、退屈なときなどほとんどない。

いや、そうじゃなくて、退屈っていうのは、つまらない、とか、だれかと笑い合いたい、とかそういう意味のことですよ、と聞かれたら、ぼくは発送のとき、日本語の上手い外国人（漢字が読めるという設定）のマネをして住所を読み上げたりしているので大丈夫です、とこたえる。

毎回必ずというわけではないけれど、ぼくは、発送伝票に住所を記したあと、確認のためによく音読をする。

最初は普通に読み上げ、次に、一語一句たしかめて読むために、外国人のマネをして、自信なさそうに、「ムサスィノスイ、キチジョージハンチョウ、フォー、イレヴン、サーティーン（武蔵野市吉祥寺本町四―一一―一三）」と、ゆっくり音読をする。コツは、漢字のところはたどたどしく読み、丁目や番地など数字のところに入ると、「これなら読めますよ」とばかりに、声量をあげて、勢いよく読むことである。

外国人読みに飽きたときは、でたらめな訛《なま》りで読み上げたりもする。

「むさすのす、くつぞーずほんつぉう、おんの、ずーいつの、ずーさん」

コツは、真面目な、一本気な調子で声を張ることと、それと、「あれ？　吉祥寺って、もしかして、住みたい町ナンバーワンってテレビでいってたところだっけかなあ」などと、注意散漫な感じで読むことである。

それ以外にも、ひとりでモノマネの練習をしたり、音楽にあわせて踊ったりして、仕事の合間にひとりで笑っている。

そうやってストレス解消をしている、とか、気分転換をしている、とかいうのではない。ただただ、そういうひとり遊びが好きなのだ。

仕事を終え、ひとりで自宅にいるときも、ひとり遊びは続く。

ぼくの趣味は、本を買うことをのぞけば、テレビでサッカーを観ることしかないのであり、暇なときは、だいたいサッカーのことを考えている。

ヨーロッパ選抜ベストイレブンはだれか。南米選抜ベストイレブンはだれか。そのふたつのベストイレブンが対戦したら、どっちが勝つのか。レトルトのうどんをすすりながら、真面目な顔をして、そんなことばかりを想像している。

ときには、それに飽き足らず、ぼくがこれまで好きだった女優でベストイレブンをつくったらどうなるのか、とか、日本の文豪でベストイレブンをつくったら、だれがフォワードになるのか、とかも考える。

たとえば前者であったら、ぼくは、つみきみほをどうしてもチームに組み入れたいのである。それくらい、映画『櫻の園』に出てくる、つみきみほが好きだ。彼女は身体は小さいが、ガッツもありそうだし、足も速そうなので、右サイドバックに置きたい。左サイドバックは、そうすると『がんばっていきまっしょい』のころの田中麗奈《れな》がいい。センターバックはそのふたりのパワー不足を補うタイプがいいように思うが、そうではなく、ラインをしっかりコントロールできる、経験豊かな司令塔タイプがいいのではないかと思う。イチオシは、多少無理があるかもしれないが、田中裕子だ。その相方は、市川準監督の名作『東京兄妹』のヒロイン粟田麗《うらら》でいきたい。依怙贔屓《えこひいき》といわれようが関係ない。『東京兄妹』を見れば、彼女のすばらしさはわかるはずだ。

「能年玲奈《のうねんれな》は？」

「ものすごい可能性を感じさせますが、まだ招集は早すぎます」

「武井咲《えみ》は？」

「あれは田舎者です。ダメです」

妄想はいつの間にか、選手選考の記者会見の場となっている。

ぼくは、こうした空想と、本の企画を考えることは、同じことのような気もするのである。

デザインについて

夏葉社の本はデザインがいいね、と褒められることがある。そういわれるとうれしいし、自分でもときどき見返して、「いいなあ」と思う。

でも、決まって、こう返事をする。

「和田さんがすごいんです」

または、

「デザイナーの櫻井さんがすばらしいんです」

デザインに関して、ぼくがやっていることは、ほとんどなにもない。最初に、こういったイメージで、とお伝えするだけである。たとえば、布を使いたいんです、ということもあれば、参考にしたい本を持参して、「こんな感じでつくってほしいんです」という場合もある。ひどいときは、なにも伝えないときもある。打ち合わせの場所で、「よくわからないので、どうぞ自由につくってください」とはにかんでいる。

無能だと思う。

デザイナーの櫻井久さんには、和田さんに装丁していただいた『冬の本』と『レンブラントの帽子』以外の、すべてのデザインをお願いしている。

仕上げてくださったものが、すべてすばらしいのだから、それはいたって自然な流れなのだ。

櫻井さんの事務所は表参道にあり、打ち合わせをするときは、ぼくがそこを訪ねる。櫻井さんは、ぼくより一回り年上で、いつも穏やかに、正確に、物事を話されようとする。

基本的に、打ち合わせは最初の一回だけで、あとは出来上がってきたものを見て、ぼくが「いいですね」というだけである。細かいところを決めかねて、「どちらがいいですかね？」と聞かれることもあるが、「櫻井さんが決めてください」とこたえることのほうが多い。

もちろん、最初のころはもっと打ち合わせを重ねていたのであるが、ぼくがシンプルなものを好むと櫻井さんが知ってからは、デザインはだいたい一回で決まる。

色は派手でなくていいです。

広告っぽくないほうがいいです。

タイトルなどの文字は小さくていいです。

ぼくが櫻井さんにお伝えしているのは、こういうことである。

それは単純に好みでもあるのだが、もうひとつは、長い時間をかけて本を売りたいからでもある。

ぼくには、三年後のデザインがわかるわけではないし、一〇年後のデザインなんて、わかりっこない。

ぼくは、自分のつくった本が、一〇年後も、三〇年後も、時代の波が届かない場所で、質素に、輝いていてほしい。だから、デザインはできるだけシンプルなほうがいい。

それに、「本」は「本」らしくあるときが、いちばん美しいと思うのである。余計な要素や、言葉を増やしていくと、「本」がだんだんと広告物のように見えてくる。

ぼくは、束《つか》見本《みほん》が大好きで、束見本というのは、指定の用紙とページ数で、中身も、表紙も印刷されていない本のことを指す。印刷前に、おもに本の背の幅を知るためにつくるのだ。

なぜ、そんなものをわざわざ用意するかというと、その背幅の値がミリ単位で正確にわからないと、表紙の中心がずれてしまうからである。

日記のような、ノートのような、そのなにも印刷されていない本は、本そのものの美しさに満ちている。それは、質のいいシンプルなセーターを見て、「ああ、きれいなセーターだ」と感動しているのに近いはずだ（違うかもしれない）。

夏葉社の本の何点かにカバーがかかっていないのは、カバーのないほうが、「本」が「本」らしく見えるからである。

でも、本当は、カバーがかかっているほうがいい。それは、いたって実用的な意味で、汚れたときに取り替えることができるからである。布を表紙に使った本は、返本されると、ほとんどの場合、再出荷できない。

ぼくは、返本され、汚れてしまった本を見るたびに、かなしくなる。

叫びたい

ひとり、夜道を歩いていると、突然、咆哮《ほうこう》したくなるときがある。さびしさや、悔いや、それだけではなく、よろこびや、期待や、誇りも、全部一緒くたになって、オオオオオ、と叫びたい気持ち。

二〇代のころを思い出そうとすると、ぼくは、必ずといっていいほどに、自転車で、本屋さんか、古本屋さんに行っている。大音量で音楽を聴きながら、ときに缶ビールを片手に、夜のなか、本屋さんへ走っている。

ほしいものがあって、行くわけではないのである。なにかぼくの鬱屈をやぶるようなものがそこにあるのではないか、と期待して行くのである。

もちろん、そんなものは本屋さんにはない。世の中の、どこにもない。でも、行く。ほかにすることがないのである。

本も読まなければいけないし、借りているDVDも見なければいけないし、彼女もつくらなければいけない。たまには海に行って海も見なければいけないし、知らない町に行って蕎麦《そば》でも食べなければいけないし、道ばたの花を見て季節の変わり目も感じなければいけない。

けれど、いまは、全部、なにもしたくない。本屋さんへ行くことしか、やりたいことがない。やれることがない。

ぼくは、泣いてこそいないものの、泣いているのと同じような気持ちで、本屋さんの店内に足を踏み入れる。そして、あれはダメだ、これもダメだ、全部くだらない、馬鹿みたいだ、とシニカルな目でいろんなものを眺める。

ぼくみたいな、なにもすることがない若者は、「みんなダメだ」と苛立《いらだ》ちながら、社会と接する。そうして、目に入った本のなかから、自分が認めてもいいと思うものを一冊手にとり、それを脇に抱えて、急かされるように帰路を急ぐのである。「おーっと、島田選手、ついにトップとの差を一〇〇メートル、いや、五〇メートルまで縮めてきました。その差、三〇メートル、二〇メートル。復活の狼煙《のろし》をあげる会心のレース。抜けるか。抜けるか。抜けるか。抜いた！」そんなことをこころのなかでゴニョゴニョいいながら、次々と目の前の自転車を追い越し、夜の町を駆け抜ける。

長々と書いたが、そうした、どうしようもなく屈折し、鬱屈した日々が、ぼくの身体のなかにはまだ澱《おり》のようにあって、それが、夜道や、月や、コンビニの光などと共鳴して、だから、いまでも叫びたくなるのではないだろうか、と思う。


去年の夏、古書ビビの馬場さんから、前野健太がいい、前野健太がいい、と何度もいわれ、実際に古書ビビでCDを買ったら、ほんとうに良かった。ファースト・アルバムの『ロマンスカー』、セカンド・アルバムの『さみしいだけ』、サード・アルバムの『ファックミー』、全部すばらしかった。ぼくは、現在三七歳だけれど、前野健太を聴いて育った、といってしまいたいくらい、何十回、何百回と聴いた。

なかでも、「東京の空」と、「コーヒーブルース」という曲が大好きで、前者の「きみと会った　忘れるわけないだろう」というフレーズを、前野さんがこれ以上ないくらい感情的にうたうのを聴くと、身体が痺《しび》れる。後者の「夜のコックピット　駅前は難民所」というくだりにも、どうしようもなく胸を打たれる。

ぼくは、暗かった青春のころを思い出す。ライブで、泣きそうな顔でうたっている前野さんを見て、あのとき、ぼくが表現したかったものの核を知り得たような気持ちになる。

それがなんなのかというと、まったく説明できないが、でも、ぼくは、ときどき、叫びたかったのだ。報《むく》われたかったのだ。

二〇一二年の一二月二一日、神保町の三省堂書店本店で、『冬の本』発売記念ライブを前野さんがやってくれることになった。前野さんは『冬の本』に原稿を書いてくれたのであり、それをきっかけにメールでお願いをして、快く引き受けてもらった。前野さんは、三省堂の青いエプロンを身にまとって、閉店後の書店の三階で、一時間熱唱した。

願いが叶うなら、夜が明けるまでずっと聴いていたい、そんなライブだった。

終演後、近くの居酒屋さんで、前野さんを囲んで打ち上げをした。前野さんは、歌をうたっているときと違って、ニコニコと笑って、いろんな話をしてくれた。歌手になる前のこと。好きだった古本屋さんのこと。本のこと。詩のこと。

帰りの電車も、途中まで一緒だった。前野さんのほうが先に降りて、それで、車窓からじっと見ているると、前野さんは走り出す電車に合わせて二、三歩あるいて、それから、さようなら、と大きく手を振ってくれた。

居酒屋の隅で

どういう人が好きかといったら、居酒屋の片隅でニコニコ笑っている人が好きだ。二〇人くらい集まった宴会の席で、場の中心に入れず、目の前の人との会話も続かず、それでも、ずっとニコニコしている人。みなが笑うと一緒に笑い、でも、だれとも打ち解けられない人。それなのに、帰り道、おもしろかったです、といって、次の宴会の席でも、相変わらず片隅にいて、微笑んでいる人。

いやなことだって、腹の立つことだって、あるに違いない。でも、ほとんど口にしない。

自分がどうだとか、だれがこうだとか、そういうこともいわない。刺身おいしいですね、というと、おいしいですね、という。沈黙が続くと、島田さんは食べ物なにが好きですか？　と聞いてくる。ぼくは、セロリと生ガキとキャベツの芯以外はだいたい食べられますよ、と返事をする。そうすると、あははと笑って、また静かになる。変わらずに微笑を浮かべ、早く帰りたいな、というそぶりも見せずに、ちびちびとビールを飲んでいる。

毎日、こんなふうに仕事をしているんだろうな、と思う。会議でもほとんど発言せず、けれど、やる気がないというわけではない。課された仕事を、毎日、一所懸命やっている。ランチに誘われたら、一緒にランチに行くし、会社のイベントなんかにもちゃんと顔を出す。そして、相変わらず片隅で微笑を浮かべながら、刺身なんかを食べている。

ぼくは、そういう人たちが、世の中を支えているんだというふうにも思ったりする。真面目に働き、余計なことも話さず、友だちもいなくて、ツイッターなんかもやらない。

かつて、ぼくにもそういう友人がいた。高校のころの友人で、Tくんという。色黒で、信じられないくらいに無口で、いつもニコニコと笑っていた。

ぼくは、あっという間にTくんを好きになって、休み時間になると、Tくんの席の前に行って（Tくんは席を動かないのだ）、毎日、あることないこと、ベラベラとしゃべっていた。

帰りも途中まで一緒だったので、毎日自転車で一緒に帰った。世田谷の、ところどころ畑が残る道路を横並びに自転車を走らせて、ぼくはそのころ夢中だったマンガや、音楽の話を、得意げに話し続けた。Tくんは、ニコニコと笑いながら、ぼくの話を聞いていた。そうした関係が、実に二年も続いた。

そのころのぼくも、Tくんと同じように、友だちがすくなかった。けれど、だれともしゃべらずに学校生活を送れるほど、精神的にタフではなかった。

体育会系の人間は苦手だったし、遊んでいるやつらは恐かった。では、自分と同じような人間はというと、鏡を見ているようでいやだった。だから、なにかを話したいぼくは、いつもTくんのところへ行くのだった。

とはいえ、学校へ行って帰るだけの学校生活だから、話題なんか数えるくらいしかないのだった。ぼくは当時、牧瀬里穂《まきせりほ》のファンだったが、そのことはTくんに打ち明けられなかった。気になる女の子のことも、話せなかった。だから、マンガと、音楽と、お笑いと、テレビゲームと、あと、授業の話とか、テストの話。そんなことを、いまふうの言葉でいえば、おおいに「盛って」、楽しげに話していたのだと思う。

どこからどう見ても、パッとしない高校時代だった。腹をかかえて笑った記憶もなければ、胸をこがすような思いを抱いたこともなかった。ただただ、ぼくはこころの底から、Tくんを必要としていた。

ぼくが通っていたのは付属高校で、三年生の一一月に、大学へ進学するテストがあるのだった。その試験の点数によって、行ける学部、学科の選択の幅が決まるので、夏休み前くらいから、すべての三年生が進学を意識して勉強に励んだ。ぼくは、二年生の夏くらいから毎日勉強をしていたので、テストの結果はよかった。法学部まで自由に選べた。

一方、Tくんは、ずいぶん前からレントゲン技師になりたいといっていた。けれどぼくは、テストの結果、実際にTくんがどこの学部を選んだのかを、もっといえば、進学をしたのかさえ、知らないのである。

テストのすこし前だった。

掃除が終わると、ぼくは毎日、Tくんのところに行って、一緒に帰ろうというのだが、その日は、どうしてもひとりで帰りたくなって、Tくんのところに行かなかった。

なにかがあったわけではなかった。

ただなんとなく、気持ちが鬱屈としていて、だれともしゃべりたくなかったのだ。

それは、二年間Tくんと一緒に帰っていて、はじめてのことだった。

次の日、ぼくは、Tくんに謝らなきゃいけなかったのだが、気まずくて、Tくんがいる教室に行けなかった。

さらに、その次の日も謝れず、今日もひとりで帰ろうと思って、教室の後ろのドアから廊下に出たときだった。

ぼくと入れ違いに、前のほうのドアから、Tくんがぼくの教室に入っていくのが見えた。

Tくんは、いつもと違う顔をしていた。必死な表情を浮かべて、ぼくのことを探していた。

自分がどれだけひどいことをしたのか、そこで、はじめて気づいた。

けれど、なんといって謝ればいいのか、わからなかった。

ぼくは、逃げるようにして、廊下を駆けた。

ぼくは、大人になってから、Tくんのように、自分のことをほとんど語ろうとしない友人に、なんでそんなにしゃべらないのかと、酔った勢いで聞いたことがある。

その友人は、「だれかを傷つけるのがいやなのだ」といった。

「そんなに簡単に人は傷つかないよ」ぼくはいいかえした。

「そんなの、わからないじゃないか」友人は泣きそうな顔でいった。

Tくんもそうだった、とはいわない。無口な人がみなそうだとも思わない。

ぼくは、ときどき、Tくんの名前をインターネットで検索するが、一度も出てきたことはない。

堀部

大学一年生の終わり、なにかゼミに入りたいと思って、消極的に選択していったところ、「景気変動論」のゼミが面白そうに見えて、そこの面接の場で堀部と知り合った。

最初から、関西弁でニコニコと話しかけてきた。ぼくが高知生まれだとわかると、ぼくも高知やよ、と人懐《ひとなつ》っこい笑みで、黒ぶち眼鏡の奥の細い目をさらに細めた。

背はぼくよりすこし低くて、マッシュルームカットで、頬が赤かった。着ている洋服も、ほかの学生たちと微妙に違った。遠くを歩いていても、すぐにわかった。

「景気変動論」のゼミの同期になった堀部とぼくは、今度は、同じ週に「文章創作」の授業で顔を合わせた。

あんたも文章書くの、と聞かれたぼくは、「まだ書きはじめたばかりだけど」と言葉をにごした。

一〇人にも満たない生徒たちが受講する「文章創作」は、文学研究者の佐藤健一先生のもと、それぞれが小説や詩の創作を持ち合い、批評を交わすという内容の授業だった。

堀部は一年生のときも受講をし、この年は単位なしで参加していた。

佐藤先生は、「彼は小説の天才なんだよ」と堀部のことを紹介した。堀部は赤い頰をさらに赤らめて、「違いますよ」と笑っていた。

ぼくは後日、堀部が一年生のときに書いた小説を読ませてもらったが、同じ年の人間（正確には、堀部は一浪しているのでひとつ年上だが）が書いたのが信じられないくらい、立派な文芸作品だった。ぼくは、どうしたらこんなすごいものが書けるのか、わからなかった。

それから、ぼくはとにかく、堀部のことを意識するようになった。堀部がキャンパスにいると、必ず小走りで寄っていった。

「最近、小説が書けなくてさ」

そんな強がりをいって、堀部の気を引こうとするのだった。

「それより、島田、あれ読んだことある？」

堀部は、ぼくの知らない作家の名前をいくつもいった。

ぼくは、知らないとはいえなくて、「読んでない」とこたえながら、堀部のいった作家の名前を必死になって記憶した。村上春樹も、中上健次も、柄谷行人《からたにこうじん》も、レヴィ＝ストロースも、全部、堀部の口から知った。そればかりではない。はっぴいえんどや、サニーデイ・サービスや、フィッシュマンズ、ペイル・ファウンテンズといったミュージシャンたちの名前も、全部、堀部が教えてくれた。

「景気変動論」の授業のときも、「文章創作」の授業のときも、打ち上げの飲み会のときも、ぼくは堀部の一挙手一投足を観察していた。そして、そのたびに、「さすが堀部だなあ」と感心するのだった。

堀部は、高知なまりの関西弁で、いつもニコニコと笑い、先輩や教授たちにも臆することなく、自分の興味のあることを質問し、自分の意見をいった。文芸や音楽だけでなく、経済や政治、語学にも興味を持っていた。自分がくだらないと思うことに対しては、「くだらん」とか、「どうでもええわ」とか、気持ちのいいくらい、はっきりと返事をした。

ぼくも堀部のようになりたかった。どうすれば堀部のようになれるのか、そんなことばかりを考えて、大学生活を送った。

ぼくはそれまでスニーカーを一切履《は》かなかったのだが、堀部が履いていたから、スニーカーを履くようになった。堀部がジーパンを洗わないというから、ぼくも洗わなかった。堀部が二次会のカラオケは「つまらないから行かない」というと、ぼくも「つまらないから行かない」といい、のちになって、堀部が「行く」というと、「行く」といった。

堀部がぼくのことをどう思っていたのかは、わからなかった。授業やキャンパス、図書館などで会えば一緒に話をしたが、堀部の親友と呼べるような友だちはいつも大学の外にいた。

堀部は煙草を吸いながら、彼らの話をおもしろおかしく、ぼくに語った。ぼくは、青山のクラブや、下北沢のライブハウスで、堀部と、ぼくが見たことのない堀部の友だちが、アルコールを片手に、楽しそうにしているところをよく想像した。

大学四年生になると、ほかのゼミ生たちはみな、早々と就職を決めた。就職をしないと決めたのは、堀部と、ぼくと、もうひとりの学生だけだった。もうひとりの学生は、そもそも卒業できるだけの単位がなかった。堀部とぼくは、作家になりたいと思っていた。

就職をしないと決めると、小説の創作にこれまで以上に打ち込むことができた。ぼくはその年に書き上げた小説で大学から賞金をもらい、堀部は堀部で「群像」や「文學界」などに投稿をはじめていた。

ぼくは堀部と、以前より親しくなった。ふたりでラーメンを食べにいったり、ひとり暮らしをはじめたぼくの部屋で、互いの小説を批評しあったりした。

けれど、そうした日々は長くは続かなかった。大学を卒業した翌年の秋、堀部はアメリカに行ってしまった。小説家をあきらめて、ジャズ・ピアニストになるんだ、といった。

ぼくはずっと堀部のことを忘れなかった。

二〇代後半になっても、堀部の夢を見たし、うまくいっていないときは、いつも、いまのぼくを見たら堀部はなんていうだろう、と考えていた。

「くだらん」とか「どうでもええわ」とか、いわれないだろうか。

偶然、どこかで会ったときに、知らんぷりをされないだろうか。

そんなことばかりを思って、不安になるのだった。


会社をはじめて二年が経ったころ、ぼくは、Facebookで、堀部の名前を見つけた。

堀部は、アメリカのだれもが知っている音楽会社で、デザイナーをしていた。

ぼくはそれを見て、「堀部はやっぱりすごいや」と笑ってしまった。

ぼくは、

「いまはひとりで出版社をやっているんだよ」

と堀部にメッセージを送った。

堀部は、

「変わらんね。島田はえらいね」

と返事をくれた。

文芸部の同級生

文芸部では、同級生はひとりしかいなかった。寺田である。

寺田は小柄で、どちらかというと険のある顔をしていて、実際、なにか気に食わないことがあると、すぐ口に出した。我慢しないのである。だから、いつもだれかと揉《も》めていた。

最初に出会ったのは、大学三年生のときだった。春先の、一日にひとりも来ないサークルの新歓イベントに、寺田はズカズカやってきた。

「入部したいんすけど」

一目見て、苦手なタイプだと思った。顔も髪型も洋服も普通なのに、「やってやるぜ。不満だぜ」と身体全体がアピールしているのだった。

「小説とか書くの？」ぼくは聞いた。

「書きますね。一日二万字書くときもあります」

「二万字って、多いの？」

「まあ、自分としては普通ですね」

居心地のいい文芸部の部室が、こいつに荒らされるのではないか。

当時部長になったばかりのぼくは、「入部しなくてもいいんだけど」といいたかったが、部員の数が絶対的にすくないということもあって、入部をみとめた。

その一年後、生きているあいだはもう二度と会うことはないだろう、と思うくらいに、ぼくは、寺田と大げんかをした。

その仔細は、みっともないからここには書かない。ぼくはそのことを直接的な原因として、四年生の夏に文芸部を退部することになった。

一方、寺田は、ぼくのいなくなった文芸部の部室で、毎日、ぼくの悪口をいうようになった（後輩たちからそう聞いた）。

それから二年後、沖縄で暮らすぼくの部屋に、文芸部員たちが遊びに来た。来なくてもいいのに、寺田も一緒に来た。

ぼくは、寺田と目を合わせるのもいやで、後輩のIやAとばかりしゃべっていた。

彼らは三泊四日の旅であった。

最後の夜、寺田はぼくをつかまえて、「俺はお前と仲直りするために沖縄に来たんだ」といった。

ぼくは、そんなセリフをまったく予期していなかったから、まるで、女性から突然告白されたかのような気持ちになって、頭がポーッとなった。

それから、ぼくは寺田が好きになった。

寺田は、就職してから、ずいぶんとまるくなった。

敬次郎さん

大学を卒業してすぐに、ぼくは、狛江《こまえ》市のボロアパートで、ひとり暮らしをはじめた。学生課で教えてもらったいちばん家賃の安いアパートが、そこだったのである。

独身のおじさんの家の二階に、六人の若者が暮らしていた。ミュージシャン志望の若者がいて、弁護士志望の若者がいて、司法書士志望の若者がいて、教員志望の若者がいた。作家志望の新しい若者が、ぼくだった。

家賃は一万八五〇〇円だった。そのぶん、すべてが汚かった。二階へのぼる階段は見事に全部錆《さ》びていて、壁面は自由奔放《ほんぽう》に蔦《つた》が張っていた。名前を知らない木もたくさん生えていた。

外から見ると、この家の二階に夢を持った六人の若者が住んでいるなんて想像できない。オウムの信者が隠れていると、通報を受けたこともあったくらいである。

トイレも、洗面所も、洗濯機も、みな共同であったから、よく廊下で人と会った。「なにをつくっているんですか？」とか、「これからバイトですか？」なんて、立ち話をした。

ぼくはそのなかで、六歳年上で、教員志望の敬次郎さんと、仲良くなった。

敬次郎さんは温厚な人で、とてもゆっくりとしゃべった。その口調で、「採用試験の勉強しなきゃいけないんだけど、集中できなくてさあ」などと、ぼくに打ち明けるのだった。

ぼくは、そういう話を聞くのが好きだった。敬次郎さんが、小説の才能のないぼくの代わりに弱音を吐いてくれているような気がして、こころがすっと落ち着いた。

敬次郎さんとぼくは、薄い壁を挟んで隣同士であったから、敬次郎さんが廊下に出ると、ドアの音ですぐにわかった。

敬次郎さん、どこ行くんだろう。

敬次郎さん、夕飯つくるのかなあ。

そんなことを思いながら、小説を書いた。けれど、だいたい、敬次郎さんのことが気になって仕方がなくなって、ぼくはしたくもないおしっこをちょっとしに、廊下に出た。

汚い狭い廊下で、ときに料理をしながら、ときに食器を洗いながら、ぼくたちは毎日のように話し込んだ。秋になると、廊下は寒いからちょっとぼくの部屋にでも来ませんか、と誘って、四畳半の部屋で一緒に、ビートルズや、ローリング・ストーンズのCDを聴いた。名前を知らない木に柿がなって、屋根に上って、一緒に食べた。本当に楽しかった。ぼくは隣人に恵まれたのである。

それから七年後、宮城県で中学校の教員になった敬次郎さんは、職場で知り合った女性と結婚することになった。仙台にぼくも呼ばれた。よろこばしい日である。

式には、ぼくの知らない人ばかりがいた。

ぼくは、ひとり披露宴の席に着き、あたりをキョロキョロと見まわした。しばらくすると、手持ち無沙汰《ぶさた》になって、受付時に渡された「式次第」と「席次表」が記された白いカードを読みはじめた。すぐに、「あっ」と思った。

敬次郎さんの友人たちは「新郎同僚」、「新郎元同僚」、「新郎友人」などと紹介されているのに、ぼくだけ、「新郎元隣人」なのである。

式がはじまり、同じテーブルに座った敬次郎さんの同僚や友人たちが、ぼくに、「「元隣人」てどういうことなんでしょうね？」と聞いた。

ぼくはそのたびに、誇らしげに、廊下での敬次郎さんとの友情を語った。

壇上の新郎新婦の席に座る敬次郎さんは幸せそうで、奥さんはとても美人であった。

沖縄に住む

大岡昇平の『野火』や、梅崎春生《はるお》の『幻化《げんか》』、村上春樹の『ねじまき鳥クロニクル』、加藤典洋《のりひろ》の『戦後的思考』などを読んで、戦争の勉強をしたいと思うようになった。本だけでなく、実感として学びたいと考えて、思い切って沖縄に引っ越した。引っ越しの費用は、セブン‐イレブンとすき家の夜勤バイトで貯めた。二三歳の冬のことである。

新しい住居は、いろんな町を歩きまわって、糸満《いとまん》に決めた。郵便局の近くに「空き室あり」の看板を掲げたアパートがあったので、大家さんと直接交渉して入居させてもらった。

ぼくは胸を張って、小説家志望だと名乗った。毎日、がらんとした部屋で、ワープロに向かって小説を書いた。が、すぐに孤独になった。人恋しくて、たまらないのだった。

生活が激変したのは、近所のツタヤでバイトをはじめてからだ。ぼくは朝番で週三日働くことになったのだが、ぼく以外のアルバイトが、みな地元の女性だった。それまで、ぼくは女性と話すことがほとんどできなかった。女性に伝えるすべての言葉は、かっこよくなくちゃいけないと思い込んでいたので、なにかを話そうとすると、すぐにつっかえるか、あるいは声が小さすぎて、相手に届かないのだった。もちろん本当は、女性とたくさん話をしたかったし、欲をいえば、一度でいいから触ってみたかった。

ツタヤでのぼくの担当はレンタル係だった。東京では浴びたことのない強い陽射しのなか、朝九時に店へ行き、入荷した新しいＣＤやビデオにレンタル用のバーコードを貼って、夕方五時までレジに立った。レジが暇なときは、返却されたビデオやＣＤを売り場に戻した。

一ヶ月も店に通うと、次第に、女の子たちとも話せるようになった。沖縄の女の子たちは、東京でぼくが知っていた女の子たちとは全然違った。人懐っこいし、ぼくがまどろっこしいことをいおうものなら、「わからんよー」と笑うのだった。ぼくはレジに立ちながら、女の子たちとたくさん話をした。夢のようだと思った。

ぼくは最初、Aさんという女性を好きになった。Aさんは、とにかくぼくのことを気にかけてくれるので、てっきり、向こうもぼくのことを好きなのだと思った。ただ、Aさんはぼくのタイプではなかった。すくなくとも美人ではなかったし、性格もそんなに良くはなさそうだった。けれど、結婚のことを考えて、Aさんと一緒に住み、生まれてきた子どもが幼稚園に通うころのことまでも想像すると、「こういうのがリアリティというものなのかもしれないな」とも思えるのだった。

ぼくはAさんをデートに誘って、アパートの近くの小高い丘のうえで、自分の夢を語った。日本で五〇番目くらいの男になりたいんだ、と話した。

「なんで五〇番目なの？」とAさんはいった。

「だって、一番は中田英寿《ひでとし》でしょ？」ぼくはすこし間をおいてから、真剣にいった。ちょうどそのころ、中田はセリエAで大活躍していた。

「二番は？」

「……イチローかな」

「三番は？」

「……金城武《かねしろたけし》」

「四番は？」

「わからないですよ……ヤクルトの古田《ふるた》？」

Aさんは不思議そうな顔でぼくを見ていた。ぼくは本当はAさんにキスをしたかったのだが、こんなタイミングでキスなんかできるわけがなかった。

ぼくはその数日後に、Aさんに、つきあってください、と告白した。けれど、Aさんは返事をする代わりに店をやめてしまった。

ぼくは懲りずに、次に、Bさんのことを好きになった。Bさんもまた Aさんと同じで、ぼくによく話しかけてくれた。そればかりでなく、「島田くん、おもしろいー。うける」とよく笑ってくれた。Bさんと話をすると、こころが楽しくなった。

Bさんは、昼間はツタヤで働き、夜はスナックでバイトをしていた。スナックのバイトは楽しいともいっていたし、つらいともいっていた。ときどき出勤前に、二日酔いだといって、トイレで吐くBさんを見ると、胸が痛くなった。ぼくは、なんとなれば、いますぐ小説家志望なんてやめて、ビジネスマンとして金を稼ぎ、Bさんを幸せにしたいとも思った。

今度は、徐々に徐々に、Bさんと仲良くなっていった。海に行ったり、地元のエイサーを見たり、こじゃれたカフェに行ったりした。そして、秋の暑い夜に、ぼくはBさんとキスをした。

その三日後、Bさんが車でぼくのアパートにやってきた。ぼくはてっきり、Bさんとキスの続きをするのだとばかり思っていたが、Bさんは、玄関先で開口一番、「島田くんとはつきあわんよ」といった。

本当にびっくりした。

翌日、ぼくはツタヤで、Bさんとカウンターでふたりになったときを見計らって、「Bさん、『グレート・ギャッツビー』って、読んだことある？　ギャッツビーはさ、大好きな人がいて、その人に振り向いてもらおうとして、一所懸命努力して、でも、死んじゃうんだよ。つまり、努力しても手に入らないものがこの世の中にはあって、それはぼくにとって、Bさん……」

と、早口で話しはじめた。

けれど、Bさんは冷たく、

「仕事中でしょ。黙って」

といった。

ぼくは、いわれたとおりに、黙った。

それから、手持ち無沙汰になって、返却されたビデオを山のように抱えて、売り場に戻しにいった。

忘れられない人

Aさんではなく、Bさんでもなく、実は、ぼくは、Cさんのことが好きなのであった。

嘘ではない。本当である。Cさんにはかっこいい彼氏がいたから、なにもできなかった。そういうことなのである。

けれど、Aさんにふられ、Bさんにもふられ、実はCさんのことが好きだといっても、信用してくれる人などいない。すくなくとも、ツタヤにはそんな人はいなかった。

でも、ぼくは本当にCさんのことが好きだった。一目見たときから、夢中だった。

ぼくは沖縄に来てちょうど一年が経ったころに、東京へと帰った。さすがに、自分に嫌気がさしたのである。それと、Bさんにふられたときに、「もう東京に帰る」と宣言してしまっていたのである。

実家に戻った二四歳のぼくは、毎日、沖縄のことばかり考えていた。テレビで「沖縄」という言葉を聞くと、身体がふわふわとした。本は沖縄のものばかりを読み、音楽も沖縄のものを好んで聴いた。安室奈美恵を見ても、仲間由紀恵を見ても、ダイエー（現ソフトバンク）の新垣渚《あらかきなぎさ》を見ても、Cさんのことを思うのだった。

人生を中学生くらいからやり直したいと思っていた。ぼくは中学から沖縄に住み、Cさんと知り合いたいのだった。

それから二年くらい経って、ぼくはまた糸満に戻った。移住ではない。自動車の合宿免許で行ったのである。

けれど、Cさんはもう糸満にいなかった。ぼくがツタヤをやめた一年後に、彼女は郷里の離島に戻っていた。

それでも、Cさんがかつて暮らしていた糸満に滞在できることは、ぼくにとってよろこびだった。

教習が終わると、ぼくは用もなく、ツタヤへと歩いていった。そして、Cさんがすぐそこにいるのではないかとドキドキしながら、店内をいつまでもうろつき歩いた。通路や、棚や、壁の色や、ツタヤの青い色や、すべてがなつかしく、ぼくのこころのなかにはいつも、「向いのホーム　路地裏の窓　こんなとこにいるはずもないのに」という山崎まさよしの歌が流れていた。

合宿所に戻ると、部屋には、Sくんというぼくより三つ年下の男の子がいて、「島田くん、どこ行ってたん？」と京都なまりで、心配そうに話しかけてくるのだった。

「ツタヤだよ」ぼくは面倒くさそうにいった。

「また行った？」

「そうだよ」

「だれか知ってる人おった？」

「おらんよ」

「そうね」

Sくんはもう合宿所に一年近くいるので、地元の京都の言葉と、沖縄の言葉がごっちゃなのだった。

ぼくは、毎日のように教習が終わるとツタヤへ行き、夜になるとほかにすることもないので、部屋でSくんと話をした。

Sくんは勉強ができなかった。それで、なかなか筆記試験が通らないのだった。毎晩必ず、「島田くん、問題出して」といって、ぼくが交通標識の問題などを出すのだけれど、Sくんはけっこうな確率で間違えた。

「昨日は間違えなかったさ」

なぜかぼくも沖縄なまりになっていった。

「ごめん、ごめん」

Sくんは癖で頭を掻《か》いて、「明日は間違えないようにするからさ」と笑った。

Sくんの趣味は沖縄民謡と飲酒だった。

受講すべき学科の授業はとっくに終わっていたので、部屋で三線《さんしん》の練習をよくしていた。教習所に行って、教官に弾き方を教えてもらったりもしていた。

ぼくもCさんがらみで沖縄民謡を聴くようになっていたので、ある日猛烈に三線がほしくなって、Sくんについてきてもらって、那覇で三線を買った。それで、Sくんと一緒に部屋で練習をしたりした。

たまに、近所の居酒屋でふたりで酒を飲んだ。Sくんは小柄で、身体がガッチリしていて、酔っぱらうとよく笑った。

ぼくにはよくわからない理由で、突然、アハハハハと大笑いして、ぼくがそれを不思議そうに見ていると、ごめん、と謝った。

ぼくが無事車の免許をとり、いよいよ明日東京に帰るという日の晩も、近所の居酒屋でふたりで飲んだ。

Sくんは、合宿所にいるほかの生徒たちのことを不満に思って、いろいろとぼくに愚痴るのだった。

「Sくんは悪くないよ。気持ちはわかるよ」ぼくはいった。

「わかるやろ」Sくんは火に油を注がれたように、また怒った。

合宿所では、Sくんのことを馬鹿にするような輩《やから》がいた。ぼくも彼らにたいして怒りをもっていたけれど、実際には、ぼくは彼らに注意をすることも、手を出すようなともできなかった。

Sくんは店を出ると千鳥足《ちどりあし》になって、街灯のない真っ暗な道をふらふらと歩いた。

「星がきれいだね」ぼくはいった。

Sくんはそれにこたえず、「島田くん、おんぶしてくれへん?」といった。

そんなことをいわれたのは初めてだったが、ぼくは「いいよ」といって、Sくんの前で腰をおろした。

Sくんの身体が遠慮なく、ぼくの背中にドンと乗っかった。

けれど、一〇歩も歩かないうちに、Sくんは「やっぱり恥ずかしいから、おろして」といった。

「いいの?」ぼくはいった。

「ごめん」とSくんは笑った。

Sくんは、ぼくが合宿所から帰って一年後に、免許をとった。そして、そのまま、糸満にひとりで住んだ。

いまも一ヶ月に一度は、ぼくの携帯電話にSくんから電話がかかってくる。

「島田くん、糸満に来ないの?」Sくんはいつもそういう。

「いまは忙しいんだよ」いつもぼくはそうこたえる。

それでも、ぼくは二年に一度、糸満に行っている。

Cさんではなく、いまはSくんに夢中なのである。

アフリカに行かなくちゃ

二五歳のとき、単身、アフリカに行くことになった。

本当は、行きたくなかった。

海外旅行は、高校のときに従兄とツアーでヨーロッパに行ったのと、父を訪ねて香港に行ったくらいだったし、そもそも、旅をしたいという願望もなかった。

ではなぜ、行くことになったのかというと、これは、Bさんのせいである。

「島田くんとはつきあわんよ」

彼女にそういわれたとき、ぼくは、すぐに東京に帰ることを決めた。沖縄には、もういられないと思った。けれど、Bさんにふられて東京に帰るというだけでは、みっともないし、かなしいし、それに、なんというか癪《しやく》だ。

ぼくは、彼女を目の前にしたこのつらい状況を利用して、なにか思い切ったことをやれるのではないかと思った。それで、一所懸命考えて、「アフリカに行ってみたい」といった。

もちろん、以前からアフリカに興味はあった。けれど、それは『イージー・ライダー』を観て、「俺もバイクでアメリカを横断してみたいな」と思う程度のたわいもない願望であり、本当に行きたいと思ったことは一度もなかった。

「どう思う？」

ぼくはBさんに聞いた。

「島田くんは自由でいいね」

Bさんは、いかにも興味なさそうにいった。

東京に帰ってきてからも、ぼくは、友人たちに「オレ、アフリカに行ってみたいな」とよく話した。そうして、行ってみたい、行ってみたい、と何度もいっているうちに、本当に行こうと思うようになり、一日も早く行かなくては、と使命感さえ持つようになった。

当時、アイルランドの作家、ジェイムズ・ジョイスが大好きだったので、ついでに、アイルランドにも行っておこうと思った。語学学校で英語を勉強して、その語学力でアフリカを旅することにした。

一度決めたら、行動は早いのである。

ぼくは沖縄から帰ってきた二ヶ月後に、派遣社員として大手通信会社で働きはじめ、半年後の九月には一〇〇万円の資金を貯めた。

「いよいよアフリカに行ってきます。元気ですか。変わりはないですか。沖縄は暑いのでしょうね。ちなみに、Cさんとかも元気ですか?」

ぼくはBさんにそうメールを打って、ロンドン経由で、アイルランドの首都ダブリンに降り立った。

ダブリンは夜の一〇時だった。ぼくは空港前で列をつくるタクシーの一台に乗り込み、中年のドライバーにホームステイ先の住所を見せた。

ドライバーは英語でなにかいったが、ぼくにはさっぱりわからなかった。

急に、不安になった。なぜ、ぼくはこんなところにいるんだろう? なぜ、これまで英語をしゃべりたいと思ったこともないのに、アイルランドなんかにいるんだろう? ぼくの本来いるべき場所は、糸満ではなかったのだろうか……。

けれど、初めての海外生活は、想像していた以上に楽しかったのである。ぼくは語学学校の入学テストで初級者クラスに振り分けられ、中学生レベルの単語や文法すら知らないクラスメートたちとワイワイはしゃいだ。

「アイ・ライク・コーヒー。レッツ・ゴー・カフェ」

そんな語学力で、いろんな国の若者たちと日が落ちるまでしゃべっていた。

ぼくのひどい発音の英語は通じず、相手のなまりの強い英語はわからなかったが、それでも、すべてが新鮮なのだった。

たとえば、スペイン人のなかにも陰鬱《いんうつ》な人間がいて、アルゼンチン人のなかにも気弱な人間がいて、ペルー人のなかにも生真面目《きまじめ》でやさしい人間のいることがわかったとき、二五歳のぼくはどれだけ世界を理解できたような気持ちがしたか。

ぼくの親友は、その生真面目でやさしい人間である、ペルー人のパコだった。

パコはぼくよりふたつ年上の青年で、ペルーのスーパーマーケットでマネージャーをしていた。英語をしゃべれるようになれば、もっと大きな仕事ができる。そう考えてパコはダブリンへやってきた。

ぼくとパコは、毎日一緒にいた。授業が終わったあとも、学校の近くのカフェで拙い英語を駆使しながら、いろんなことを話し合った。

ぼくが覚えているのは、パコの目がきれいだったことと、パコがお昼になると必ずチキンのサンドイッチを食べていたことだ。

冷たい空気に満ちた秋の公園のベンチにふたり並んで座り、パコはホームステイ先で持たされたお弁当の包みをガサガサと開けて、そして、「わお！　今日もチキンだ！」と大げさに嘆いてから、ぼくの笑いを誘うように優しい目でぼくを見つめる。

ぼくは、当時すこしだけ話せた英語を、いまではまったくしゃべれない。だからだと思うのだけれど、ぼくとパコが、あれだけの長い時間、熱心になにを話していたのかを、ほとんど思い出すことができないのである。

ぼくはたぶん、パコのことを、「親友だ」といい、パコもぼくのことを、「親友だ」といい続けた。

会うたびに、話すたびに、そのことを何度も確かめあったのだと思う。

それは、幼少時の友情にとても似ていた。

結局、ぼくは、三ヶ月、ダブリンに滞在した。

毎日、バスに乗って語学学校に行き、パコとしゃべり、夜になると、いつまでもなじめないでいたホームステイ先の小さな部屋で、ジェイムズ・ジョイスの小説を英和辞典を片手に読んでいた。

ダブリンを離れる日は、すなわち、パコと離れる日であった。学校の前の細い路地で、さよならをいい、パコとしばらく見つめあった。パコはその黒い瞳に涙を浮かべていた。

それは、ダブリンに来てよかった、というだけでなく、生きていてよかったと思わせるような、きれいな目だった。

いざ、アフリカ

ダブリン市内のアウトドアショップで、マラリア対策の蚊帳《かや》を買い、語学学校の事務局で教えてもらった病院で、予防注射を五本打った。なんだか、戦争に行くような気持ちだった。

行くんだったら、みんなが行かないような土地をと思い、目的地を、サバンナなどの観光で知られる東アフリカではなく、西アフリカと決めていた。

ルートは、ヨーロッパから、モロッコへ入り、サハラ砂漠を通って、モーリタニア、セネガル、マリ、ブルキナファソ、ガーナと進んでいくのである。とにかく、ガーナまで行けば、飛行機でヨーロッパへ、日本へ帰れると思った。

情報は、日本で買った旅行人編集の『アフリカ』、ただ一冊だけだった。この本の一ページの片隅に、西サハラの町ダクラから毎週サハラ砂漠を縦断するキャラバンが出ると書いてあったから、ぼくはその町に行くつもりだった（そのころは西アフリカに関するインターネットの情報はまだ不十分で、多くの人がネットよりも本を重視していたように思う）。

サハラ砂漠を越えさえすれば、黒人たちの国、いわゆる「ブラック・アフリカ」はすぐそこだった。ぼくは、黒人たちが闊歩《かっぽ》し、生活する国々を、この目で見てみたかった。

「いよいよアフリカに行ってきます。今度こそ、本当にアフリカです。ダブリンはクリスマスで街がきれいです。なにをしていますか。Cさんとかも元気ですか？」

ぼくはダブリンのネットカフェでBさんにメールを打ち、スペイン経由でモロッコに入った。

荷物は、大学時代に買い、通学時に使っていたリュックサックひとつに、寝袋だけだった。

船でモロッコに入国したぼくは、目の前に広がる町の風景が、ヨーロッパとあまりに違うことに驚いた。乾いた土地。暇そうな人々。荷物を運ぶロバ。蠅《はえ》だらけのケーキのショー・ウィンドウ。

町を歩いていると、大音量のスピーカーでイスラム教の礼拝の時刻が知らされ、アラブの人たちは、礼拝用の小さなマットを地面に敷いて、神への祈りを捧げていた。

観光したい気持ちはもちろんあったのだが、それよりもぼくは、この旅行をさっさと終わらせて、一日でも早く、Bさんと友人たちに「本当にアフリカに行ってきたよ!」と報告したかった。

夜になると、決まって恐ろしくなった。モロッコでさえこんなに日本と違うのに、黒人たちの国はどれだけ違うのだろう、と思った。

移動するときは、一日八時間、下手すると二四時間、バスやタクシーに乗っていた。ぼくは転がり落ちるように、モロッコの港町タンジェから、テトゥアン、ラバト、マラケシュとバスで移動していき、一目散に、サハラ砂漠を縦断するキャラバンが集まる町ダクラを目指した。

どこからどこへ向かっていたときなのかは、もう忘れてしまったが、やはり長距離タクシーで移動していたときだった。ぼくはとなりにいたアメリカ人に分けてもらった水を飲み、あたってしまった。

深夜だった。

水を飲んで一〇分くらいで耐えられなくなり、タクシーを止めてもらって、真夜中の荒野のなかで、ゲーゲー吐いた。すぐに「アイム・オーケー」といってタクシーに戻ったが、しばらくすると、今度は検問所で滝のように水を吐いてしまった。

気持ちが悪いというよりも、筋肉痛で痛むように胃が痛んだ。

あたりはもうサハラ砂漠の一部といっていいような、砂と岩しかない平野だった。ぼくは走っているタクシーの窓からも嘔吐《おうと》し、小さな集落が視界に入るやいなや、「もうダメだ」といって、ひとりで車から降りた。

平野の向こうに朝の光が大きく見えた。ぼくはフラフラと歩きながら、いろんなものを吐き続け、やっと見つけた宿で昼まで仮眠をした。それから、また歩きまわってバス乗り場を探したが、この小さな集落では黄色人種がよほどめずらしいらしく、たくさんの子どもたちがぼくのところへ寄って来て、「アチョー!」とか、「ナカタ!」とかいって、いつまでもついてくるのだった。

すると、眼鏡をかけた筋肉隆々の青年が、「こいつらのことは相手にするな」といったふうに大きく手を振って近寄ってきて、ぼくに親しげにいろいろと話しかけてきた。

アラビア語ではなく、片言のフランス語だった。

ぼくは彼のいうことがまったくわからなかったが、英語で「ダクラに行きたいんだ」というと、バス停の場所を教えてくれ、次のバスの時間が深夜の二時だということも教えてくれた。

時刻はまだ一四時にも達していなかった。青年は「問題ない」というふうに、ぼくをカフェや子どもたちの遊び場など、いろんなところへ連れていき、しまいには、彼がひとり暮らしをする家にまで案内してくれた。

青年はぼくに、とっておきの宝物といったふうに、ボディビルの雑誌を何冊も持ってきて、一ページ、一ページ開いて見せた。

ぼくは青年の実家へも行った。青年は得意げにぼくのことを家族に紹介し、それから、プリクラくらいの小ささの彼の写真をくれた。

結局、青年はバスが来る深夜の二時まで、ずっとぼくのそばにいた。言葉はまったく通じないのだが、離れることなくそばにいた。

バスに乗り込んだぼくが、バスの窓から身体を乗り出し、手を振ると、青年は、町の代表者といった姿勢のいい立ち姿で、大きく手を振った。

ちなみに、このあと、Bさんのメールアドレスが変わって、ぼくはBさんと連絡がとれなくなった。

ぼくのアフリカ旅行は、それから約一ヶ月も続いた。

煙草

アフリカから帰ったばかりのころのことだから、もう一〇年くらい前の話である。

そのころ、ぼくはKさんという女性が好きであった。寝ても醒《さ》めても、Kさんのことばかり考えていた。

知人の紹介で知り合い、Kさんのほうから、連絡先を教えてください、といってきたのだった。顔の小さな、かわいらしい子だった。ぼくは、すごくうれしかった。

それから、ときどき、ふたりでご飯を食べるようになった。最初は好きでなかったが、だんだん好きになった。

ある晩、イタリアン・レストランでワインを飲んでいたときのことだった。Kさんが、「好きな人に好きって告白できない男性ってダメだよね」と突然いうから、ああ、これはぼくのことをいってるのだ、と思って、以来、Kさんにいつ告白しようか、とそればかりを考えるようになった。

もともと、女性に対して苦手意識があるのである。二二歳になるまで、ほとんど女性と話したことがなかった。だから、相手がなにを考えているのか、わからないのだった。いまだって、全然わからない。

でも、そのときのぼくは、Kさんに早く告白しなきゃいけない、と思った。

「これは千載一遇《せんざいいちぐう》のチャンスなのだ」

ぼくは自らを鼓舞《こぶ》し、Kさんを表参道駅近くのカフェへデートに誘った。ケーキを食べても、コーヒーを飲んでも、なにも味がしなかった。ぼくは煙草を吸ってばかりいた。Kさんも、ぼくのそうした変化に気づいたのか、ソワソワと落ちつきがなかった。「出ましょう」とぼくはいって、Kさんと、明治神宮の方へ向かって歩いた。

表参道の路上でも、ぼくは煙草をたくさん吸った。喫煙所の前で、Kさんに「ちょっと待っててくれませんか?」と断って、一服か二服やるのである。で、三〇秒くらいで吸い終わるのである。

さいわい、表参道には喫煙所が多かった。ぼくは本当は、吸い終わって、「……あのさ」と打ち明けるつもりだった。でも、そんなふうに自分から告白をしたことがなかったので、言葉がつっかえて、つっかえて、できなかった。

そんなことを二、三回繰り返し、ぼくはもう一服だけして、告白しようと思った。交番近くのローソンの前あたりだった。

ぼくはKさんに「もう一本だけ吸っていい?」と聞いて、急いで煙草の煙を肺に入れた。けれど、それでは足りなく、すぐに二本目に火をつけた。

するとKさんが、「島田くん、右手にも、左手にも煙草を持ってるね」といった。

Kさんがいうとおり、ぼくの右手にも、左手にも、火のついた煙草があった。

「完全にニコチン中毒だね」

ぼくはそういって笑い、右手の煙草を一口吸い、左手の煙草を一口吸った。

「ワイルドガンマンみたいだ。むかしのファミコンのソフト」

余計なことも口走った。

それから、ぼくは、「あのさ」と動顚《どうてん》したまま、思いのたけを打ち明けた。

Kさんは、いまは結婚をし、子どもを産んで、元気そうに暮らしている。ときどき、ぼくに子どもの写真をメールで送ってくれる。

ぼくはKさんからのメールを見るたび、こう返信したくなるのである。Kさん、あのとき、ぼくが煙草を二本持っていたことを覚えていますか。二本持っていたから、ぼくはふられたのですか、と。

食べものの話

ぼくは、食べものにこだわりがない。好きなものは、うどんと、フライドポテトと、バナナ味のするお菓子で、それ以外のものも、だいたい好き嫌いなく食べる。お腹が減っているとなんでも美味しく感じるから、それでいいと思っている。そもそも、あれを食べたいとか、あの店に食べに行きたいとか、思うことがすくない。けれど最近、それでは人生を損している、と何人かの人からいわれて、実際、人生を損しているような気分になりはじめた。古くからの友人（寺田だ）は、攻撃的な口調で、「馬鹿！　お前は間違っている！」とまでいう。

たしかに昔は、もっとあれを食べたい、これを食べたい、と願っていたような気もする。

だとしたら、ぼくはどこかで変わったのだ。

心当たりが、ひとつだけある。

もう一度、沖縄の話をしたい。

沖縄にはぼくがいうまでもなく、美味しい食べものが多い。ソーキそばや、ラフテーや、ゴーヤチャンプルーや、天ぷらや、スパムのおにぎり。こう書いているだけで、お腹がすいてくる。

けれど、二四歳のぼくは貧しかった。そのころは本を読み、小説を書くことが人生の目的だったので、それ以外のことには極力、時間を割きたくなかった。自炊もしなかったし、バイトにも週三回しか入っていなかった。

当時のツタヤの時給は、五九五円だった。月の給料は平均すると六万円弱で、そのうち二万八〇〇〇円を家賃に、光熱費と電話代などに七、八〇〇〇円を支払っていた。残ったお金はごくごくわずかだった。

ぼくはそのなかから本を買った。二日に一回は、糸満にある二軒の古本屋さんをチェックしに行ったが、もちろんそれだけでは物足りなく、月に二回ほどは、片道五〇〇円のバス賃を払って、那覇の本屋さんをめぐった（ぼくは、いまでも糸満に帰るバスのなかで、本が数冊入った紙袋をガサガサとあけていたときのことを思い出す。薄暗い光のなか、本のカバーをとって表紙を眺めたり、奥付を眺めたり、なかに挟まっている「新刊案内」を読んだり……）。

本を買う以外にも、毎日一箱の煙草を吸ったし、毎日二本、缶コーヒーも飲んだ。お酒も週に一回は飲んだ。職場にはお酒が好きな人が多く、バイトが終わると、ちょっとだけ飲みに行こうと、よく誘われたのである。

そうしたもろもろの出費のせいで、夕飯は、決まってカップラーメンだった。「カップヌードル」や「赤いきつね」などの有名なやつではなく、スーパーで安売りされている、六八円とか、七八円のマイナーなやつである。ぼくはそのカップラーメンをおかずに、毎日白飯を一合食べていた。

もちろんすぐに飽きたし、胃の調子も悪くなった。野菜や、魚や、お肉も食べたかったが、お金がなかった。それに、調理し、食器を片づける時間がもったいないと思っていた。

そのうちに、ぼくは、どうすればカップラーメンをより美味しく食べられるか、そんなことばかりを考えるようになった。

といっても、なにか工夫をするわけではなかった。ぼくがやっていたのは、空腹を耐えに耐え、自分の胃に「なあ、なあ、カップラーメン食べようぜ」と、何度も聞くことだけなのだった。

最初は、強情に「もっといいものを食べたい」とか「今日は晩飯抜きでもいい」といっていたぼくの胃も、最後には必ず、「カップラーメン、いますぐ食べたいね！」とこたえてくれた。

ぼくはそのゴー・サインの合図が出ると、すぐに薬缶《やかん》を火にかけ、炊きあがっている熱々のご飯を丼によそった。三分の時間をじっと待ち、猛烈な勢いで麺とご飯を一緒にかきこむと、「美味いなあ！」とひとり言がでるくらい、カップラーメンを美味しく食べることができた。

ちなみに、ツタヤのバイトに行っているときは、昼飯によく今川焼を食べた。クーラーのない、窓を全開に開けた休憩室で、八〇円の今川焼を二つか三つ。これは最後まで飽きなかった。

吉祥寺の事務所で仕事をしているとき、ぼくは、週に二、三回は牛丼屋に行く。夜遅くまで仕事をしなければいけないことが続くときは、昼が牛丼だったら夜はラーメン、昼が定食だったら夜は牛丼というふうに、毎日のように牛丼屋で牛丼を食べる。もちろん、牛丼をいつも食べたいと思って食べているわけではなく、お金と時間の節約になるから、食べているのである。

ぼくは、沖縄にいたころと同じように、自分の胃にしつこく相談をもちかける。

「ねえ、ねえ、牛丼食べようよ」

『本屋図鑑』その一。利尻島の「ほんこや」のこと

二〇一三年の三月三一日、札幌の丘珠《おかだま》空港から、さらに北へ、飛行機で飛んだ。本来であれば、もっと旅費をケチりたかったが、稚内《わっかない》と利尻《りしり》港を結ぶ船は強風によって欠航が多いと佐藤さんに聞いていたから、仕方なく飛行機をつかった。

利尻島へ行くのは、初めてである。思い出はない。ただただ、佐藤さんが経営する本庫屋書店に行ってみたかったのである。

きっかけは、一冊の本の注文だ。

冬のある日、会社に電話がかかってきた。ほんこやしょてんです、といった。聞いたことがなかったから、どちらにあるのですか？　と聞いた。すると、北海道の利尻島にあります、と先方はこたえた。

びっくりした。考えもせずに、今度お店に伺いたいです、といったら、電話の向こうから、あはは、と笑い声が聞こえた。利尻島で、あはは、と笑っているのだと思ったら、なんだか、胸がいっぱいになった。書店の外は、きっと雪が降り、極寒の風が吹き荒れているのだ。

小さな利尻空港に着き、空港前に泊まっているバスのステップに足をかけて、「本庫屋書店に行きたいんです」といった。サングラスをかけたバスの運転手さんは、それじゃあ、終点まで乗っていったらいいですよ、といった。雪はもう降っていなかった。風が冷たくて、痛かった。

バスのなかでは、景色をずっと見ていた。島は中央に、雪をかぶった巨大な利尻山（利尻富士ともいう。白い恋人のパッケージに美しく映っている）を抱え、その周りに道路が、集落がある。左を見ると、いつも利尻富士、右を見ると、いつも海である。

途中、見たこともないような、小高いとんがった裸の山が突然あらわれて、それがまるで、山頂でドラゴンボールの悟空とフリーザが闘っているような現実離れした険しさで、目が釘付《くぎづ》けになった。「まるでドラゴンボールの悟空とフリーザが闘っているような現実離れした険しさですね」とバスの運転手さんに話しかけてみたかったが、同級生じゃあるまいし、いきなりそんなこといわれてもわからないよなあ、と思って、またバスの外を眺めた。バスのなかには、ぼくとサングラスをかけた運転手さんしかいなかった。

出発して約三〇分後に、本庫屋書店近くのバス停についた。あっちですよ、と運転手さんはいった。

バスを降りると、やっぱり寒い。バスのなかから見た風景からすると、このあたりは町の中心のようなのだけれど、がらんとしている。お店もとてもすくない。利尻富士へと続くまっすぐの道を、駆け上がるようにして風が吹いている。

停留所から歩いて数分のところに、本庫屋書店はあった。青と白の壁の、小さな本屋さんだった。

「こんにちは」と店のなかに入ると、満面の笑みで佐藤さんが迎えてくれた。体の大きな人だった。

「夏葉社さん、本当に来たの。さあ、こっち、こっち」と、まるで親戚の伯父さんのように、ぼくをお店の奥へと招き入れ、事務所でコーヒーを出してくれた。

「寒かったでしょ？」やっぱり満面の笑みで佐藤さんはいった。

ぼくはなんだか心打たれて、「全然寒くなかったです」とこたえた。

それから一時間以上、佐藤さんは利尻島のこと、書店のことを、ずっと笑みを絶やさずに話してくれた。

むかしはバスの運転手をやっていたということ。だから、島に住む人々のほとんどを知っているということ。毎朝一〇時に港に本を取りに行き、それからカブで毎日配達に出ているということ。あんまり吹雪く日は、車に乗るということ。

話している途中、何人もお客さんがやってきて、そのたびに佐藤さんは店に出て、お客さんと楽しげに話した。

「あれ、帰ってきてるの？」

「これ、入ったばかりだよ」

「体に気をつけなよ」

お店の広さは二〇坪ほどである。いちばん多いのは雑誌、次にコミック。もちろん、実用書や旅行書、学習参考書も揃っている。単行本はあまりなく、文庫もどちらかというとすくない。その代わり、文房具と、プラモデルやゲームソフトなどのおもちゃがある。子どもが跳ねてよろこびそうな本屋さんである。

実際、ここに来た子どもたちは、なかなか帰らないそうである。

きっと、利尻島で育ったすべての子どもは、本庫屋書店にたいして、深い思い出があるのだろう。そして、きっと、「ほんこや」なんて呼び捨てでいって、島を出てからも、「あの本は小学校のころ、ほんこやで買ったんだよ」「ほんこやのあそこの棚にあれがあったよね」なんて、思い出話を語るのだろう。ほんこやで好きな女の子とばったり会うこともあっただろうし、ほんこやで大人たちが小説や文庫を真剣に選ぶ姿も見たのだろう。

すべては想像だけれど、町の本屋さんとは、そういうものだと思う。

ある日、子どもは、マンガを一冊買えるお金で、文庫本の小説を買う。

それは、とてもわかりやすい、大人への階段だ。

ぼくは町の本屋さんのそうした日常を、全部、この目で見たいのである。

北の果てから、南の果てまで。

いまのうちに、どうしても見ておきたいのである。

『本屋図鑑』その二。本屋さんの図鑑ができるまで

『本屋図鑑』をつくるために、半年をかけて、全都道府県の本屋さんを自分の足で訪ね歩いた。ぼくはなぜ、この本をつくりたい、というか、「つくらなきゃ！」とまで思ったのか。

話をかなり前に戻すと、そもそも、編集をしたことすらなかったのである。

そうした心もとない経験で、どうして出版社を立ち上げたのかというと、これは、もう、あのころは追い込まれていたんです、と暗い顔で述べるほかない。

二〇歳くらいから、作家になりたかった。

来る日も来る日も、本を読み、小説を書いていた。大学を卒業しても、就職をしなかった。分厚い本を読むことのほうが、大切だと信じていた。でもある日、才能がないとわかった。一〇年が過ぎていた。三〇歳を越えると、採用してくれる会社なんかなかった。

そんなとき、親友だった従兄が事故で死んだ。毎日のように届く不採用の通知と、従兄のいない世界。ぼくも死にたくなった。

二〇〇九年に出版社をやろうと決めたのは、偶然、一編の詩に出会ったからだ。嘘のような話だが、本当である。その詩によって、救われたというのではない。死別した人を慰めるその一編の詩を、かなしんでいる人に届けたい。それが、生きる動機になったのである。

お金がほしいわけではなかった。立派な本をつくりたいというわけではなかった。そうではなくて、ぼくは強く生きてみたかった。

最初につくった本は、アメリカの作家、バーナード・マラマッドの『レンブラントの帽子』という短篇集である。一編の詩の本もつくりはじめていたが、なかなか制作がうまくいかなかった。『レンブラントの帽子』は一九七五年に集英社から出ていた本で、ぼくは著者の遺族や翻訳者たちと手紙やメールなどで交渉し、復刊を許可してもらった。

本をつくりながら、さっそく、いろんな本屋さんを営業してまわった。店頭でとても冷たいことをいわれたこともあったし、涙が出そうなくらいうれしいことをいわれたこともあった。合計で、一〇〇店くらいはまわったと思う。そのなかで、さまざまな本屋さんのあることがよくわかった。

もちろん、子どものころから、本屋さんが大好きだった。むかしから、一週間も本屋さんに行っていないと、落ち着きがなくなって、なんというか、禁断症状のようなものが出た。

幸いなことに、ぼくが住んでいたところは、自転車で通える距離に一〇軒以上の本屋さんがあったので、幼いながら、あの本を探すのならあの店、この本を探すのならこの店、というふうに決めて、毎日のように本屋さんに通っていた。

営業に行きはじめたときも、まず、自分の通っていた本屋さんのことが念頭にあった。

けれど、いちばん大好きだったお店は、ぼくが大学生のころに潰れてしまっていた。岩波文庫などを買っていた別の本屋さんは、三年前に携帯ショップに変わっていた。さらに、学生のころヘーゲルの『精神現象学』などを買った、人文書に力を入れていた本屋さんも、半年前に突然お店をたたんでいた。これらは、すべて世田谷の住宅街にあったお店である。

けれど、一店舗だけまだあった。一〇坪の店内に、中央公論社の『チェーホフ全集』をはじめとする海外文学を並べる、和泉多摩川のりろ書房という名の本屋さんである。

ぼくは大学を卒業してすぐのころ、このお店で、金子光晴《みつはる》の『絶望の精神史』を買った。なけなしのお金で、さんざん迷って、レジにこの本を持っていくと、帳場に座っていたおばあちゃんは、ぼくに、「あなた、いい本買うわね」といってくれた。ぼくはうれしくて、顔が真っ赤になった。ぼくはなにも言葉を返すことができず、そそくさと本を持って、店を出た。

つまらない小説を書き、夜になると鬱屈した感情を胸に抱いたまま、本屋さんをさまよい歩いていたぼくに、この言葉がどんなに響いたことか。小説は褒められたことがなかったから、せめて、買う本のチョイスだけでも褒められたかったのだ。

ようやく刷り上がった『レンブラントの帽子』を持って、ぼくは、久しぶりにりろ書房に行った。

「こんな本をつくったんですよ」とおばあちゃんに褒めてもらいたかったのである。そして、できれば、「あのとき、いい本買うわねといってくれたことを覚えていますか？　ぼくはあの言葉がうれしくて、それからもたくさん本を買ったんですよ」と伝えたかったのである。

おばあちゃんは、一〇年前のときとまったく同じに、帳場に座っていた。けれど、店奥の自慢の海外文学棚は、しばらく見ぬうちに、半分以上が姿を消していた。代わりになにか違う本が入っていたというのではない。ただ、棚がスカスカになっていたのだった。

それでも、ぼくは、おばあちゃんに『レンブラントの帽子』を見せて、「こんな本をつくったんです。置いていただけないでしょうか？」と切り出した。にっこりと笑ったおばあちゃんは、「とてもきれいな本だわね。でも、うちにはもう、こういう本を置いておく余裕がないの」といった。

『本屋図鑑』その三。「山に囲まれた海辺の町」の本屋さん

奈良から、和歌山の新宮《しんぐう》までは鈍行で六時間半かかった。五回も乗り換えた。夜の一一時に、新宮駅に着いた。空腹で倒れそうだった。コンビニが見あたらなかったから、自動販売機でコーンポタージュを買った。

このときから、すでに違和感があった。お尻が変なのである。歩くたびに、妙なのである。

ぼくは、空腹を満たす場所と、ホテルを探しながら、新宮の真っ暗な道を歩いた。市役所のすぐ近くに、居酒屋兼お好み焼き屋さんといった感じの店があった。

店にはふたりの先客がいて、ひとりの若者が眠っていて、もうひとりの若者はウーロンハイ片手にテレビを見ていた。カウンターのなかのおじさんもテレビを見ていた。

ぼくは、おじさんにお好み焼き定食とコーラを注文して、あっという間に食べた。ぼくが店を出ようとするときに、若者が、眠っている若者の肩をゆすって、「そろそろ行こう」と話しかけていた。

夜、お尻が痛くて、まったく眠れなかった。まさかと思って、枕元においてあったiPhoneで、「お尻」「痛い」「眠れない」と検索すると、痔《じ》に関するブログがたくさん出てきた。

実際、この新宮にたどり着くまで、三〇以上の都道府県を鉄道でまわっていた。取材中は、平均すると、毎日六時間くらい、鉄道に乗っていた。

慣れてしまったので、全然、苦にはならなかった。というよりも、飛行機や新幹線や特急の乗車料金が、たとえ鈍行と同じ値段だったとしても、ぼくは鈍行（正確にいえば急行や快速などにも乗るが）に乗りたかった。町の本屋さんを取材するのだもの。

そこに暮らす人たちの生活を、すこしでもかいま見たかった。彼らがどんな表情をしているのか。電車のなかで、なにをしているのか。本を読んでいるのか。携帯を見ているのか。寝ているのか。それを、知りたかった。

それと、駅前に良さそうな本屋さんがあったら、そこで降りたかった。

翌朝、ホテルを出て、ぼくは新宮の町の本屋さんへと歩いた。荒尾成文堂《あらおせいぶんどう》という、老舗の本屋さんである。ここはネットで検索して、見つけた。学生時代、中上健次の『枯木灘《かれきなだ》』に衝撃を受け、和歌山の本屋さんを取材するなら、中上と関係する本屋さんを取材したいと決めていたのである。

それにしても、新宮は不思議なところだった。見渡すと、町が山々に囲まれていることがすぐにわかる。土地はせまい。海辺の町といった雰囲気はまったくないのに、東側は海に面している。通りは静か。陽光は強い。ぼくの知る限り、どの町にも似ていない。それなのに、強烈な既視感がある。郷愁《きようしゆう》がある。

荒尾成文堂に入ったときも、どういうわけか、なつかしいような気持ちになった。陽射しが強い日だったので、店のなかは最初、暗く見えた。真ん中に小さなレジがあって、そこを境に文房具売り場と、書籍売り場とに分かれていた。

「はじめまして。夏葉社の島田です」と帳場にいた店主の荒尾さんに声をかけると、「おお、来たのか」と大きな声がかえってきた。本当は「おお、来たんか」と強いなまりでいったと思うのだけれど、方言やなまりをうまく再現できないので、ここでは標準語で記す。

すぐに、店の入り口近くの中上健次コーナーに気づいた。棚一本がまるまる中上関連の本で埋まっていた。入り口のドアの上には、中上の写真がたくさん飾ってあった。熊野に関する郷土本も山のようにあった。

「すごいですね」といったら、「すごいだろ」といって、さっそく中上の本をいくつか持ってきてくれた。最近だと『本の雑誌』に中上のことが載ったのだといって、その特集が載ったページを開けて、ぼくに見せてくれた。

荒尾さんは「中上のことはむかしから知ってるんだ」といった。

ぼくはそのことすら知らなかったので、「そうなんですか？」と驚いて、次から次へと、この偉大な作家のことについて話を聞いた。

荒尾さんは、中上健次よりふたつ年上。高校が同じで、中上は体が大きかったから、学校でも目立つ存在だった。そのころは、荒尾成文堂は、荒尾さんのお父さんが運営していて、中上は文芸書が揃うこの店へよくやってきていた。そして、「週刊読書人」

や「図書新聞」を買っていった。どちらも、普通の高校生であればまず読まないような、本格的な書評専門紙である。

「ほかの店では売ってないんだ」と一〇代の中上はいった。そして、「いまは金がないから、ツケにしといてくれ」といい足した。

ぼくは話を聞いていて、頭がぼーっとなった。

雑誌の発売日になると、その高校生は待ちこがれたように本屋さんに入ってくる。雑誌を買ってすぐ店を出ることもあれば、店内にしばらくとどまるときもある。三〇坪の店に並ぶ本を真剣なまなざしで眺め、一冊の本をためつすがめつ眺める。

幼いころから、きっと、そうなのだ。とりつかれたように、町の本屋さんへ通ったのだ。

荒尾さんは、晩年まで作家とつきあった。やさしい男だったといった。

ぼくは、荒尾成文堂をあとにすると、中上健次のお墓を訪ねるために、駅前で自転車を借りた。

中上の墓は坂の上にあった。

ぼくは痔の痛みに耐えながら、一所懸命、ペダルを漕いだ。

『本屋図鑑』その四。「図鑑」にした理由

孤独なときは、本屋さんへ行った。

精神的に不調で、胸の内に抱えているなんともいえないモヤモヤは友だちのだれにも伝わらなくて、もちろん家族にもいえなくて、さみしくて、つらくて、夜になると、もっとさみしくなって、でも変に怒りっぽくもあって、そんなときは、本屋さんへ行った。

本屋さんには、いつでも、たくさんの本が並んでいた。どんなに小さな店にも、たくさんの本があった。小説、エッセイ、ノンフィクション、コミック、絵本、旅行書、美術書、実用書、数百種類の雑誌……。

ぼくはいつも、新刊コーナーを見て、それから雑誌を見て、美術書を見て、文庫を見て、コミックを見て、ちらっと児童書を見て、サッカー関係の単行本を見た。

あのとき、ぼくが必要としていたのは、本や雑誌というよりも、本屋さんという場所そのものだった。本屋さんが友人だった。ぼくは本が好きというよりも、本屋さんが好きなのだった。

取材させてもらった、ある書店員さんが話していた。

「子どもがぶらっと入って、ぶらっと出られる店って、コンビニと本屋しかないんだよね」

そのとおりだ、と思った。

孤独な少年がぶらっと入って、ぶらっと出られる店は、コンビニと、本屋さんしかなかった。

『本屋図鑑』を一緒につくった空犬《そらいぬ》さん（編集者であり、『空犬通信』にて書店情報を日々発信するブロガー）とは、いつも本屋さんの話をしていた。

ぼくはすっかり忘れていたが、空犬さんと最初に会ったときから（二〇一〇年の五月）、町の本屋さんの本をつくりたい、そんな話で盛り上がっていたそうだ。

有名店というよりも、本屋さん特集の雑誌や単行本には載ることのない、町の普通の本屋さんの話ばかりしていた。そういう店のたくさんの工夫や、そこで働く人たちのすばらしい人柄などを話していると、時間を忘れた。

もちろん、空犬さんもぼくも、町の本屋さんが大変だということは、いろんなところで聞いて知っていた。でも、そんなことをしたり顔で話したり、数字に落とし込んで、これは危機だ、と論じることはお互い恥じていた。

本屋さんといわず、すべての小売店が大変なのは当たり前の話なのである。その当たり前の話の向こうに、いい換えれば、毎日の葛藤と努力の向こうに、町の本屋さんの面白さ、すばらしさがあるのである。

それに、経験からぼくは知っている。音楽がつまらなくなったという人たちは、音楽をもう聴いていない人たちなのである。その意味で、本が読まれなくなったという人たちは、もう本を読んでいない人たちであり、本屋さんが面白くなくなった、本屋さんが危機だ、と話す人は、もう本屋さんに行かなくなった人たちなのである。

もう一度、町の本屋さんのなかを目を凝らして見れば、ふだん見ていない棚の、ふだん手にとらない本を手にとって見れば、本屋さんの面白さ、すばらしさは、必ず伝わる。そう思っていた。

でも、やり方がまったくわからなかった。そういう町の本屋さんの魅力を伝える本をつくりたかったのだが、どうつくればいいのか、わからなかった。つくってみたところで、おもしろいものになるとは信じられなかった。

そんなとき、酒の席で、「本屋図鑑」という言葉がふとあらわれた。それいいねと、空犬さんとアルテスパブリッシングの鈴木さんと三人でおおいに盛り上がった。

名前だけがひとり歩きした。二〇一二年の四月のことである。

「図鑑」というコンセプトの強みは、すべてがフラットであるということである。どんなに大きな本屋さんも、小さな本屋さんも、品揃えが個性的な本屋さんも、そうでない本屋さんも、「図鑑」という形式に落とし込めば、価値は等価となる。

そもそも、町の本屋さんとは、ごくわずかな例をのぞけば、越境的に、グローバルに価値を持つ場所ではない。そのまわりに住む人たちにとって、かけがえのない場所なのである。そこに住む人たちの思いをなによりも大切にしたかった。その思いを四七都道府県、すべての場所で見て、聞いてきたかった。

写真でなく、絵にしようと決めたのは、かなり最初の段階である。

理由はかなりはっきりしている。つまり、写真という方法を選べば、写真映えすることが、取材する店の取捨選択の大きな基準になってしまうのである。品揃えはすばらしいけれど写真映えしない。そんな本屋さんを取り上げることが難しくなる。それでも、美しく見せたければ、かなり限定的に棚を紹介するか、写真自体にテクニックを凝らす必要があった。そんなことはしたくなかった。

ぼくはそのころ、イラストレーターの得地《とくち》直美さんの絵が好きだった。

最初から、得地さんにお願いしようと思っていた。

『本屋図鑑』の企画会議を、吉祥寺駅前のルノアールで、空犬さんと数えきれないくらいやった。迷うことはほとんどなかった。考えていることの九〇パーセント以上が同じであった。

つまり、空犬さんとぼくは、町の本屋さんが大好きなのだった。

大人になっても、ずっと、町の本屋さんを必要としていたのだった。

『本屋図鑑』その五。「海文堂書店」のこと

神戸の元町商店街に、海文堂《かいぶんどう》書店という、すばらしい本屋さんがあった。

地元のお客さんたちが愛する町の普通の本屋さんであると同時に、店の奥へ進むと、このジャンルを担当している人は本が好きでたまらないのだろうな、というような棚が並ぶ本屋さん。そこで働く人たちの気質をあらわすように、人なつっこく、けれど、控えめに、おっ、と思わせる本をしっかりと並べている本屋さん。Kさんや、Hさんが、白い手袋、または軍手をして、棚を日々整えている、本屋さん。

ぼくの会社のクリアファイルには、神戸新聞の切り抜きが収まっている。ぼくが最

初の本の営業をしたときのことを、Kさんが地元紙の神戸新聞で紹介してくれた記事だ。

「夏葉社は若い人がひとりで始めたばかりの出版社で、これが刊行一点目だそう。いま、外国文学の復刊で本を作るのはとてもたいへんだろう。それでも営業に来たとき、「好きな本を出版していきたい。結婚とかはできないかもしれないけど……」と言っていた。これほど本屋の心を打つ営業文句を聞いたことがありますか」

あたらしい本の営業に行くときは、だいたい最後に、海文堂書店へ寄った。そして、Kさんたちに、こんな本を出すんですよ、とか、あたらしい彼女ができましたよ、とか、彼女にふられましたよ、とか、そんなことを話した。

ぼくは本の企画を立ち上げるとき、本をつくるとき、知っている読者のことを、書店員さんのことを思う。この企画なら、Kさんはよろこんでくれるだろう、もうひとりのKさんは不審がるかもしれないけれど、でも実物を見たら納得してくれるのではないか。Hさんは、もしかしたら、この企画を安易だと思うのではないか。

ぼくの想像力のおよぶ範囲が、数十辺の線と、数十個の角でつくられたあるひとつの平面だとすれば、海文堂書店は、ぼくにとって、長い一本の線であり、ひとつの鋭い角であった。神戸の元町に海文堂書店があるからこそ、KさんやHさんたちがいるからこそ、ぼくは新しい企画を考え想像し、売れないといわれるような本を思い切って刊行することができた。

二〇一三年八月五日、その海文堂書店が閉店するというニュースが、ネット上にあがった。

前々から、厳しいとは聞いていた。『本屋図鑑』の取材のときも、そう聞いた。でも、これだけたくさんの人に愛されているのだから、まだまだ大丈夫だろうと思っていた。

ぼくはニュースの続報をパソコンで検索しながら、「落ちついて考えろ。いま、ぼくになにができるか考えろ」と何度も自分にいい聞かせた。

悲しいというより、こんなにもすばらしい本屋さんがなくなってしまうことへの怒りばかりが頭にのぼった。KさんやHさんたちはどうなってしまうのだろう、と思った。

夜、ドキドキしながら、Hさんに電話をした。

電話に出たHさんは、「ご迷惑をかけて、ほんまにすいません」といつもと変わらぬ明るい口調でいった。

ぼくも「こちらこそ、お忙しいときに、ほんとうにすいません」とできるだけ明るい口調でいった。そして、とにかく一度お店に伺いたいのですが、と続けた。棚が荒れてしまうかもしれない前に、海文堂さんの店内を全部カメラで撮影したいんです、Hさんたちのお仕事を尊敬しているので、とても好きなので、とにかく全部棚を撮影したいんです、と伝えた。

「どうぞ、どうぞ」Hさんはそういって、それから、声を詰まらせて泣いた。

翌々日、神戸へ行った。

『本屋図鑑』のイラストを描いてくれた得地さんの旦那さんであり、写真集『多摩川な人々』(mille books、二〇一〇年)の著者であるカメラマンのキッチンミノルさんと、Hさんたちに簡単に挨拶をし、いつもと同じように冗談をいくつかいって、それから、五時間ほど店内を撮影した。

やっぱり、どの棚を見てもすばらしいのだった。人文書、文芸書、芸術書、児童書、海事書、文庫、新刊棚、どの棚を見ても、海文堂書店で働く人たちのこころが伝わってくるような棚ばかりだった。

ぼくたちが写真を撮っているあいだ、KさんやHさんたちは、棚の補充をしたり、レジに立ったり、注文の本を探したり、電話をとったり、忙しそうに働いていた。見ているこちらの背筋が伸びるくらい、いつもと同じようにテキパキと働いていた。

閉店までのあいだ、海文堂らしい棚をどこまで維持できるか、そこが腕の見せどころだと思っているんですよ。

仕事終わりのKさんは、喫茶店で、そういった内容のことをいった。

海文堂らしい棚とは、派手な棚ではなく、玄人《くろうと》だけがわかる棚ではなく、「最高峰の普通の棚」だといった。

Kさんは「なくなる書店より、いまがんばっている書店さんのところに行ったほうがいいんじゃないですかね」ともいった。

ぼくはなによりも、海文堂書店のこういう気質が好きなのであった。

キッチンミノルさんとぼくは、Kさんと別れたあと、店の閉店後まで撮影を続けた。棚を撮り、備品を撮り、バックヤードを撮り、レジ閉めをしているHさんや、F店長の姿を撮った。

Hさんがたくさんのスリップを持ってバックヤードへ行くときに、「すごい数ですね」と話しかけた。

F店長は、「昨日、今日と売れているんですよ。ふだんからこうだったらよかったんですけどね」と笑った。

撮った写真をどうするかは、まだ決めていなかった。とにかく、海文堂書店のいまをたくさん撮って、残しておきたかった。

書店は、毎日毎日、変わっていく。一日たりとも、同じ棚がある日はない。あたらしい本が入り、お客さんが買い、書店員さんたちが並び替え、または返本していく。その積み重ねで、独自の棚ができていく。

「働いている場所と、自分がいちばん好きな場所、両方いっぺんになくなるわけですからね」

喫茶店で、Kさんは、そういっていた。

「もっともっと、やれたはずなんです」ともいった。

『本屋図鑑』その六。時間が止まった棚

『本屋図鑑』に掲載する書店は、ふたつのルールで選んだ。

四七都道府県の本屋さんを紹介すること。

「図鑑」と銘打っているのだから、いろんなタイプの本屋さんを紹介するということ。いろんなタイプとは、すなわち、店舗のサイズ、ロケーション、経営形態、棚の種類、を指す。

「棚の種類」に関しては、ある程度知識があった。「店舗のサイズ」のことも、すこしは知っていた。大きな店のほとんどは、複数の県で展開しているチェーン店か、ないしは、その県を代表する「地方の雄」ともいうべき本屋さんだ。たとえ、行ったことがなくても、知人に聞くか、インターネットで調べれば、ある程度の下情報を得ることができた。

わからなかったのは、小さな町で長く続けている個人経営の本屋さんだった。こうしたお店の情報は、まずインターネットには出てこなかった。実際に行って見てみないと、なにもわからなかった。

ぼくは、Googleマップで「書店」と打ち込み、まずは、お店がいまもやっているかどうかを確認するために、電話をかけた。

僻地《へきち》であればあるほど、いまはもうやめてしまった、という回答が多かった。または、いまは配達と外商が中心で、店内はガラガラなのだ、という話も多く聞いた。

ある西日本の県では、一〇軒に電話をかけて、一〇軒ともそうした返事しかかえってこなかった。不審がられているのかもしれないと感じたから、行ったほうが早いと考え、飛行機に飛び乗った。

春の晴れた日に、空港でレンタカーを借り、断られた本屋さんを西から順に訪ねた。もちろん、この県にもチェーン店はたくさんあるのである。ただ、『本屋図鑑』という書籍の全体のバランスを考えると、この県では、チェーン店ではなく、地元にとけ込んだ、町の普通の本屋さんを取り上げたかった。

ぼくは、はじめに県庁所在地に行き、この県を代表するだろうチェーン店を二軒見た。ともに三〇〇坪以上の店で、平日の午前とはいえ、店内は常連のお客さんたちでにぎわっていた。専門書も充実しており、この県が決して本が売れない土地柄というわけではないことが予測できた。

駐車場近くのコンビニでパンを買い、車のなかで食べながら、すぐに移動した。まずは車で三〇分ほどの距離にあるとなりの市から。

この一〇年で、日本のロードサイドの風景は、ほとんど同じになった。ぼくは車を運転しながら、見慣れた家電量販店や牛丼屋などの看板を眺めた。同じ県道には、全国にチェーンを展開する書店が、広い駐車場をかまえて営業していた。ぼくが行きたかったのは、ここから三〇〇メートルほど裏に入った、小学校の近くにあるA書店だった。

A書店は、坂の途中にある二〇坪ほどの本屋さんであった。まわりは住宅地で、はす向かいに、パンやジュースなどを売る、むかしながらの食料品店があった。

店内に足を踏み入れ、すぐに店主が電話でいっていたことが嘘でないとわかった。とにかく、本がすくなかった。それなりに揃っているのはコミックだけ。雑誌はそれぞれ一冊ずつ面陳(表紙が見えるように棚に陳列すること)され、夏目漱石や司馬遼太郎の文庫本でさえも、一冊ずつ間隔をおいて面陳されていた。単行本はというと、そのほとんどが日焼けし、返品できなくなったものばかりが店の片隅に並んでいた。

店の三分の一は、なにもなかった。ただ、空っぽの本棚と、観葉植物だけが置いてあった。

ぼくは挨拶すらできなかった。逃げるように店を出た。

同じ市にあるもうひとつの書店は、A書店ほどではないにせよ、やはり本がすくなかった。ここは一五坪ほどの店で、単行本だけでなく文庫本もほとんど置いていなかった。残っていた文庫本はすべて日焼けしていた。A書店と違うのは、女性実用書がすこし活気があるように見えたことだけだった。

この日は、県庁所在地にある大型店と合わせると、計一一軒の本屋さんをまわった。そして、絶望に近いような気持ちを味わった。

ぼくが訪ねた、チェーン店以外の店（計七軒）は、程度の差こそあれ、すべて棚が埋まっていなかった。お客さんもほとんどいなかった。けれど、それとは対照的に、ロードサイドにあるチェーン店や、ショッピングセンターに入っている店には、すくなくないお客さんたちがいた。違いは、無料の大きな駐車場があるかないか、それだけのように思えた。

ある書店主は、昭和四〇年代の後半には、モータリゼーションの兆しがあった、といった。そのころから、人々は車で郊外へ出はじめた。商店街のにぎわいは、すこしずつ失われていった。

この日訪ねた商店街の本屋さんには、昭和五四年の文庫フェアが、そのままきれいに残っていた。「講談社文庫　推理・SFフェア」という赤い帯がついた文庫が、ずらっと棚に並んでいる様は異様だった。コミック売り場に行くと、同じく、昭和五〇年代前半に人気をはくした『東大一直線』が、書棚を埋めていた。

完全に、時が止まっていた。

人がいなくなった町の本屋さんに来ているかのようだった。

帳場には人がいた。テレビを見ていたその老婆に、ぼくは昭和五四年の文庫を差し出した。取材の相談を電話でした者です、とは口がさけてもいえなかった。

「二六〇円です」と老婆はいった。

「消費税は？」と聞くと、「まけときますよ」といった。

『本屋図鑑』その七。本屋さんのこれから

海に近い本屋さんで、いつも、評論や社会学などかための文庫本を買っていく、若いお客さんがいると聞いた。

その人は、その本屋さんの棚をじっくりと眺め、なにもいわずに、本をカウンターに置く。

もちろん、じっくりと眺めたあげく、なにも買わないときもある。

「なにを並べたらあのお客さんはもっと満足してくれるのだろう」

店で働く人は、品揃えについてもう一度考える。これまでに買ってくれた本のタイトルを思い出しながら、その人の生活にまで思いをめぐらす。探している本をいってくれるのなら話は早い。けれど、そういう感じの人ではない。書店員さんも「なにかお探しですか？」と聞くタイプの人でもない。閉店後、書店員さんは棚をあれこれといじる。パソコンの前で発注品について考える。

そしてある日、講談社学術文庫と、ちくま学芸文庫の棚を、思い切って増やす。小さな田舎の本屋さんなのに、マンガの棚を減らしてまで、品揃えを変える。全国の本屋さんを取材して、強くこころに残ったエピソードのひとつである。

この本を売りたいんだろうな。そういうことが伝わってくる本屋さんが好きだ。そこに並んでいる本は、その店で働く人が売りたい本であり、同時に、常連のお客さんが買ってくれるのではないか、と考えた本でもある。本屋さんの棚は、書店員さんとお客さんが一緒になってつくっている。

だから、ぼくのような部外者が、あの棚はいい、あの棚はよくない、というのは、お門違《かどちが》いというものなのだ。ぼくの好きな棚がある、ということは、ぼくと似たような人が、その店に通っているということである。そうでなければ、単純に、そうでない、という話なのである。

自分好みの店に行くと、買い逃し、すっかり忘れていた本と再会する。または、全然知らなかった、買いたくなるような本に出会う。そういう店が、いちばんいい本屋さん、ということになる。でも、それだけではない。もうちょっと、補足しなければならない。

本は、自分の尺度に合うものが、いつだっていいというわけでもない。背伸びしたいときに行くのもまた、本屋さんである。アイロンのかかった、真っ白いシャツを着たような気持ちで、分厚い人文書やら、現代美術の作品集やら、洋書までをも眺める。背筋がピンと伸びる。生活が、洗い清められるような気持ちがする。肩肘《かたひじ》張らない本が並ぶ本屋さんもまた楽しい。というか、そういう本屋さんへ、いちばん通っている。サッカー雑誌、音楽雑誌、サブカル、マンガ、深田恭子……。

本屋さんへ行く、ということは、だれかに会うことと同じだと思う。自分と似た人や、尊敬する人。愛する人や、なつかしい人。会いたかった人や、もう会えなくなった人。彼らと本屋さんを通して、もう一度出会う。

その意味では、本を読むということも、人と会うことと同じだ。たとえば、小説に登場する悪役は、ぼくがもっとも嫌いだった人によく似ている。主人公をいつも助けてくれるすばらしい人物は、ぼくが尊敬するすばらしい友人のようで、魅力的なヒロインは、ぼくが好きだった女性のことをどこか思わせる。本を読むということは、知らなかったことを知るということであり、忘れていたいろんな記憶を思い出すということでもある。

本は、あらゆる場所と、人とに、つながっている。スマートフォンや、インターネットとは違い、抽象的に、控えめに、つながっている。本屋さんもまた、抽象的に、控えめに、あらゆる場所と、人とに、つながっている。

ぼくが全国の本屋さんをまわり、真っ先に感じたのは、なつかしさだった。懐古趣味というのではない。しばらく会っていなかった人に会ったような、よろこびともいえる、なつかしさだった。日本には、そうした本屋さんがたくさんある。

ぼくは、町の本屋さんが好きだ。大きな本屋さんも、小さな本屋さんも、個性的な本屋さんも、そうでない本屋さんも、全部好きだ。死ぬまで通いたい。そのために、できることをやりたい。

追伸
『本屋図鑑』の取材で感銘をうけた書店のひとつが、栃木市にある出井書店だった。記事を担当した空犬さんは、この本屋さんで出会った女性のことを、こう書いた。

「店頭に立つ長谷川千子《せんこ》さんは大正生まれ。「お客さんに迷惑をかけないように」、それだけを考えて、昭和八年から店頭に立ってきた。昔は、小柄な長谷川さんが、神田村まで自ら買い出しに行き、重い本を背負って帰ったという。」

その長谷川さんが、今年（二〇一三年）の六月に亡くなられた。

八〇年もの間、帳場に立っていらっしゃった。

楽しそうに話されていた姿を思い出す。

ご冥福をお祈りいたします。

ハトヤ

文芸部に三つ年下のAという後輩がいて、ぼくは、大学を卒業して以来、彼といちばん遊んできたのだった。

おたがい、人とつるむのが苦手で、最初のころは、距離をはかり合っていたようなところがあった。けれど、なんとなくその具合がわかってくると、非常に淡白な関係のままで、出会って、別れることができた。

　たとえば、我々の共通の趣味であるヨーロッパ・サッカーをAの部屋で見るときは、ぼくは、試合の一〇分くらい前に自転車でAの部屋へ行くのである。そして、試合が終わると一〇分も経たずに、「じゃあね」とAの部屋を出るのだった。それでお互いが満足をしていて、また二、三ヶ月も経つと、ぼくはAの部屋へ、「やあ、どうも」とビールとお菓子をもって遊びに行くのだった。

　けれど、むかしはそうでなかった。ぼくは、Aの性格を知らず、冷たいやつぐらいに思っていた。Aはみなとあまりに長くいると、精神的につらくなってくるらしく、「自分、きついっすわ。帰りますわ」と率直に口に出して、よくその場から去った。

　文芸部のみんなが沖縄のぼくの部屋に遊びに来たときは、三泊四日という長い拘束時間だったので、三日目の夜になると、Aは顔面蒼白《そうはく》になって、息も絶え絶えという感じで、部屋の片隅でじっとしていた。「大丈夫か？」と聞くと、か細い声で、「ひとりになりたいんです」とこぼした。

　けれど、就職をし、社会人になってから、Aはだんだんとタフになっていった。ろくに就職もしないで、「あいつが嫌い」、「あいつは才能がない」とやたらに口喧嘩を繰り返す我々先輩たちに、「もっとちゃんとしたほうがいいっすよ」とか、「もっとみんなで集まりましょうよ」とか、Aはただひとり、まともなことを口にした。いちばん年下なのに、いちばん全体のことを気にしていた。

かつては、Iもそうした役割を担っていたのだが、若くして亡くなってしまった。AはIのことを慕っていたから、もしかしたら、Iの代わりになろうとしていたのかもしれなかった。

毎年、Aが幹事を務めて、みんなで旅行にも行った。パッとしない男七、八人が一台の車にギュウギュウに乗り込み、それぞれがつくってきたマイベストのCDを聴き合って、奥多摩で釣りをしたり、日光のウェスタン村へ行って仮装をしたりした。すれ違う若いカップルたちに笑われたりしたこともあったが、それすらも楽しい旅の思い出なのだった。ぞろぞろと道を歩きながら、喧嘩の真似事をして、蹴ったり、叩いたり。それを写真に撮ったり、撮られたり。その写真を宿で見て、笑い合ったり、「すぐに消せ！」と怒ったり。

みなが三〇歳を過ぎても、それは変わらなかった。それぞれが個人的な問題をかかえはじめていたが、一緒にいるときは、大学生だったころの思い出の延長のままに、夜が更けるまで笑い合った。

去年の夏は、ハトヤに行った。子どものころから浴びるようにCMを見てきた、あのハトヤである。提案者はやっぱりAで、ぼくなどはそれが決まったときから気持ちが昂って、旅行に行く一ヶ月前くらいから、「4、1、2、6、4、1、2、6、やっぱり決めた、ハトヤに決めた」と事務所で声に出してうたっていた。

当日はいつものように、それぞれがマイベストをつくってきて、車のなかで聴きながら、「やっぱり奥田民生《たみお》はいいね」とか、「うわ。ビーズだ」とか、散々盛り上がって笑った。

我々は、宿へ到着するなり、プールに入り、温泉にも入って、宴会所で手品も見て、ゲームコーナーでプリクラまで撮った。やっぱり楽しいな、と何度も口にしながら、夜はハトヤのなかに入っているバーに行って、カラオケもうたった。

けれど、カラオケが好きなAは、この夜に限って、むかしと同じように青ざめた顔で部屋で眠っていた。Iが好きだったうたをいちばん歌うのはAだったし、Aがいないと全然盛り上がらないので、ぼくはAの携帯電話に連絡をして、一緒にうたおうぜと誘った。けれど、Aはちょっと顔を出しただけで、ほとんどなにもしゃべらなかった。

旅から帰った翌日、Aが、ツイッターで「緊急入院することになりました」とつぶやいた。どうしたの？　とレスをかえすと、急性白血病みたいです、と返事をよこした。

ぼくは、仕事を途中で切り上げて、すぐにAの入院する病院に行った。電車のなかで、急性白血病について検索をしてみると、五年以内の生存率は約三五パーセントだという情報が出てきた。ぼくは井《い》の頭線《かしら》のなかで、子どものように、ずっと腕でゴシゴシと涙を拭いた。

病院の最寄り駅の本屋さんで、Aの暇つぶしになるだろう本を何冊か買って、タクシーで病院に行った。

無菌病室のベッドで横たわるAは、いつもと変わらなかった。ベッドの脇には、去年入籍したばかりの、Aのかわいらしい奥さんがいた。

「本買ってきたよ」

「ありがとうございます」Aは頭を下げた。

「安達祐実が脱いだってあったから、よろこぶと思って、プレイボーイ買ってきた」

「いらないっすよ」

我々は、いつものように、くだらないことしかしゃべれないのであった。

奥さんは、ふたりでしゃべりたいことがあるだろうから、といって、席を外した。

Aになにかしてほしいことはあるか？　と聞くと、Jリーグが観たいっすね、といった。

ぼくは家に帰ってから、スカパーを申し込み、それから、Jリーグの試合を焼いたDVDを、毎週Aの病室に持っていくようになった。Jリーグが終わっても、とりあえず毎週Aのいる病院まで行った。

Aは体調のいい日は、以前とまったく同じようにしゃべって笑い、具合が悪そうな日は、抗がん剤の副作用でしゃっくりをしながら、ぼくのくだらない話をベッドのうえで聞いた。

ぼくがAに伝えられるのは、ヨーロッパ・サッカーの情報と、文芸部のほかのメンバーの話ぐらいしかなかった。

ぼく以外の文芸部の人間が見舞いにいっても、きっとそれは同じなのだ。

ある日、Aは、ツイッターで、「むかしより、いまがいちばん楽しい」と書いた。

ぼくはそう思っていなかったが、しっかりもののAがそういうのだから、そうなのだと思うようになった。

つらいことも多いし、かなしいことも多いけど、いまがいちばん楽しい。

Aと同じで、ぼくも、いまがいちばん楽しい。

かなしみの場所

二〇一三年の秋に、「生と死を考える会」という、親しい人を亡くされた方たちの集いに呼ばれて、『さよならのあとで』について、話すことになった。

かなしみに暮れる人たちの前で、そのような大役を果たせるかどうか自信はなく、一度は断ろうと思ったが、丁寧なお手紙をいただいたうえに、電話で、個人的なことを話してくださるだけでいい、といわれたので、引き受けた。

『さよならのあとで』は、発売して二年ほど経っていたが、変わらず注文があった。それに比例するように、ぼくは、年に数回、親しい人を亡くしたという方から、お手紙やメールをいただいていた。

ぼくは、そうした便りをいただくたびに、本をつくってよかった、と思うのだが、一方で、ぼく以上にかなしんでいる人にたいして、申し訳ない気持ちになるのだった。

ぼくは、かつて絶望していたが、本をつくり、いろんな人に出会うことで、ずいぶんと立ち直った。

会社を立ち上げて間もないころは、毎日、ケンのことを思った。けれど、いまは、そうではない。ときどき、ケンがいない世界がこんなふうに続いているのを不思議に思うくらいだ。

たとえば、ホームで電車を待っているとき。たとえば、にぎわう通りのなかを歩いているとき。たとえば、自転車で坂をのぼっているとき。そんなときに、ケンの不在を思い、すこしのあいだ息が苦しくなる。

そして、だいたい（いつの間にか習慣になってしまったのだ）、「いつかぼくも死ぬ身なのだ」と思い、すべてを忘れようとする。

「生と死を考える会」の事務局で働き、『さよならのあとで』をきっかけに、ぼくを招いてくれた女性もまた、幼い子どもを亡くされた方だった。それればかりでなく、事前に知らされていたので当然といえば当然なのだが、ぼくの話を聞きにきてくださった三〇人の方も、みな、親しい人たちを亡くされた方たちだった。

死とはなんであるか。死別から立ち直るためにはどういう心構えであるべきか。そんなことはもちろん話せないので、なるだけ、当時のことを、きれいごとではなく、自分の痛みとともに話そうと思った。

そうして話しはじめると、いろんなことを生々しく思い出して、胸が詰まった。あっという間に、五年前のケンが亡くなった日に、時間が戻っていくような気がした。けれど、当時といまとでは、決定的な違いがひとつあった。

それはいま、ぼくの手元には、二年という時間をかけてつくった、『さよならのあとで』という、一冊の本があるということだった。

上手くいえないが、物をつくる、というのは、時間の針を自分の手で進め、時を刻むことなのかもしれないと思った。

ぼくの話のあとに、劇団の方が、『さよならのあとで』を朗読してくださった。さらにそのあとに、高校で校長を歴任された男性が、自分の息子を喪ったときのことを、穏やかに話された。

それから、すこしの休憩をはさんで、参加者の自己紹介の時間となった。みなは輪になって椅子に座り、自分がだれを喪い、いまはどのような気持ちでいるのかを語った。

ある若い女性は、愛していた母を喪い、いまも立ち直れないといった。

ある老いた女性は、息子を早くに喪い、なぜ私が生きているのか問わない日はないといった。

ある母親は、部屋を整理整頓して正気のまま自死した娘の気持ちの強さを、みなに伝えた。

幼い男の子を喪った母親は、我が子と一緒に遊んでくれた子どもたちは幼いゆえに息子が生きていたことをすぐに忘れてしまうのかもしれない、と話した。

ぼくは彼女たちの話を聞きながら、かなしみで胸がいっぱいになった。けれど、そのかなしみには、なにか、なつかしい、あったかいものがあって、不謹慎かもしれないが、こころが満たされるような気持ちにもなった。

それぞれの胸にあるかなしみは、個別のものであり、それぞれのやり方で向き合っていくほかないものなのかもしれない。

かなしみが去るのには、時間もかかるだろうし、もしかしたら、そのかなしみは、永遠かと思われるほどに、長く、続くのかもしれない。

ぼくは、彼らのかなしみをわからないし、ぼく自身が抱いているかなしみのこともよくわからない。でも、かなしいのである。

ぼくは、そういう場所で、ものをつくっているように思う。

そのことを忘れなければ、そんなに、間違わないと思っているのである。

おわりに

二〇一三年の五月に、晶文社の小川一典さんから丁寧なお手紙をいただき、『あしたから出版社』の制作がスタートした。日常業務をこなしながらの執筆だったので、とても大変だった。原稿が行き詰まると、小川さんと、営業部の山本安寿紗さんが、励ましてくれた。

もっともっと書きたいこともあったが、いくつかの事柄は、ぼくのなかで、まだ未整理のままだ。

これまで出会ったたくさんの人たちには感謝の気持ちがあるが、同じくらい、申し訳ない気持ちがある。

自分勝手に生きてきて、傷つけた人もずいぶんいる。文章を書いていると、そんなことばかりを思い出す。

いまも、はっきりとした目標はないし、もっといえば、あしたのことすら、わからない。

それは会社をはじめた二〇〇九年のころと、変わらない。

でも、見方を変えれば、それは、あしたになれば、まったく違う道が開けているかもしれない、ということでもある、と思う。

これからも、一所懸命仕事をして、自分なりの形で恩返しをしていきたい。ぼくは、いつも「一所懸命」といっているが、それくらいしか、いえること、書くことがない。

あらためてお礼を申し上げたい人がたくさんいる。

けれど、やっぱり、そのなかでも、両親にたいして、特別な感謝の気持ちがある。

いつでも、「あなたなら大丈夫。やってみなさい」といってくれたふたりがいなければ、ぼくはここにいなかった。

お父さん、お母さん、ありがとうございます。

二〇一四年五月

島田潤一郎

文庫版書き下ろし

四五歳のぼく

1

出版業界は相変わらず、斜陽《しゃよう》だ。

これから出版業界が最盛期のころの勢いを取り戻すと考えている人は、ひとりもいないだろう。紙の本はいずれ滅びると明言している人もいる。

低迷の原因は明確だ。

ひとつは日本の人口が減っていること。

もうひとつはスマートフォン。

この二つがおおよそ、すべてだと思う。

人口の減少は仕方がない。どの業界もこの問題とたたかっていかなければならない。売上を往時のころに戻すためには、新規の需要を開拓するか、消費者ひとりひとりに、よりお金を使ってもらわなければならない。

スマートフォンについてはどうだろう。ぼくはこの小さな機械が、世の中をこんなにも変えるだなんて、微塵《みじん》も思ってもみなかった。電車に乗っていても、町を歩いていても、みなスマホ。あたらしいビジネスチャンスのほとんどは、このスマートフォンに紐づいているようにさえ見える。指先で更新ボタンに触れ、画面を下にスライドすれば、一分ごと、一秒ごとに変わっていく世界。本を読んでいる暇なんてどこにもない。

あらためて驚くのは、アップルというひとつの会社が、ここまで世界を変えてしまうという事実にたいしてだ。

スマートフォンの登場によって、なにが変わったか。ぼくは iPhone が発売されてすぐに、ことにもかくにも、時間の流れが変わった。この美しい機械を購入したが、あっという間に夢中になった。

iPhone はパソコンと違って、立ち上がりが早い。だから、エレベーターを待っている間や、友だちがトイレに行っている間にも、ニュースやSNSをチェックすることができる。

それまでゆっくりと流れていたはずの時間は、このあたらしい機械によって数秒ごとに細切れになった。

2

先日、ラジオを聞いていたら、スマートフォンの登場によって、ガムが売れなくなったという話が流れてきた。

ぼくは今さらながらそのことに驚いた。その人が話しているのは、ガムは本質的には嗜好品《しこうひん》ではないということだったからだ。

つまり、多くの人はガムを食べたくて、ガムに手を伸ばすのではない。時間を持て余して、退屈になって、そこで初めてポケットのなかの板ガムに手を伸ばす。

では、本はどうだろう？　雑誌はどうだろう？　新聞は？　駅前の旅行代理店のラックにおいてある旅のカタログは？　これらを読むことは人間の本来的な嗜好といえるのだろうか？

違うと思う。

だからといって、絶望しているわけではない。

それどころか、ぼくは出版社をはじめて一三年目になるが、一度も絶望したことはない。

ぼくが大手出版社の社長で、一年間に一〇〇億も、二〇〇億も本や雑誌を売らなければいけないということであれば、すぐに匙を投げるだろう。

でも、ぼくがやっている出版社は、相変わらず、従業員がぼくひとりの、とても小さな出版社だ。

新刊を出しても、初版の部数は二五〇〇部ほど。これをひとりひとりの読者に届ければいい。

お客さんはマスではなく、顔が見えるひとりひとりの人。

ある人は某出版社の編集部で働いている人で、ある人はUターンで郷里の石巻に帰っている。ある人は病気とたたかっていて、ある人は子どもを産んだばかりで書店に行くのも難儀している。

ぼくにとってのお客さんとは、そういう具体的な人たちだ。彼らとのつながりにおいて、「出版不況が……」だとか「スマートフォンが……」だとかいっても、ほとんど意味がない。

ぼくは彼らの信頼を裏切らないように仕事をする。彼らが喜んでくれるような本を手渡せるようがんばる。

ぼくがいいたいのは、精神論ではない。

仕事とは、とどのつまり、そういうものではないかということだ。

ぼくは自分の仕事が、講談社や集英社といった大手の出版社のものよりも、近所の中華料理屋さんの仕事に似ているように思う。

その人は、カブを走らせながら、ニコニコといつも笑顔で、ラーメンや餃子を近所の人たちに届けている。

ぼくより少し年上の彼は、目が合うと「こんにちは」という。ぼくはその人の笑顔を見るたびに、仕事っていいなあ、と思う。ぼくもこんなふうに仕事をしたいなあ、と願う。

小さな仕事、小さな幸せ。

そんな美しい話をしたいのではない。

小さな仕事を全力でやる。

すくなくとも、ぼくの好きな中華料理屋さんは、そういうふうに仕事をしているように見える。

3

この仕事は大きくならないという確信が、最初からあった。

取扱店舗はいま以上に増やせないし、ぼくがつくりたい本は、かっこよくいえば「何度も読み返してくれる本」だが、言い方をかえれば、ただの地味な本だ。でも、それでなんの不満もない。

本は、レコードや雑貨と同じように、生活必需品ではないという特徴をもつ。

たとえば、洋服や、カバンや、靴は、生活必需品としての一面がある。

最初のきっかけは、「寒いから」とか、「会社の面接のために」とかだったりするが、そのうちに、「デートのために」とか、「近所のスーパーに着ていく用の服」とか、あたらしい理由がいくつもついて、「生活必需品」の枠をはみ出す（そして、服や靴も棚からはみ出る）。

家具もそうだし、家電製品もそうだ。

どうせ必要なのだから、すこしでもいい物を買いたい、という気持ちと、それとは反対に、どうせそんなにつかわないものだから、とにかく安い物でいい、という気持ち。

休みの日に町を歩き回ったり、スマートフォンでアマゾンのサイトを覗いてみたり、ためつすがめつして、「えい！」と目的の物を買う。

では、本はどうだろう？

もしかしたら、学校の教科書は「生活必需品」といえるのかもしれない。料理書や健康書なども、「生活必需品」の領域に近い。聖書やコーランなどは、「生活必需品」どころか、それらを必要としている人たちにとっては、命と同等に重いだろう。

けれど、それ以外の多くの本は、一般的な意味での「生活必需品」ではないはずだ。

本なんて一冊も必要がないという人もいるし、スマートフォンで全部こと足りるという人もいる。雑誌も読まないし、新聞も購読しない。CDもレコードも買わない。そのほうが生活がすっきりするという考え方。その気持ちもわかる。

でも一方で、いまも本を買う人はたくさんいる。

彼らはある日、無性に本を読みたくなって、本を買う。たとえば、友人から面白かったと聞いて。たとえば、テレビや新聞で紹介されていて。たとえば、本屋さんで偶然見かけて、一目惚れして。

ぼくの場合は、近所のブックス・ルーエや百年などで出会って、買うことが多い。装丁がかっこよくて、タイトルもよくて、いま買っておかなければあとで後悔するぞ、と思って、財布とも相談せずに衝動的に買う（そして、本が本棚からはみ出る）。

ぼくが毎日企画を考え、そして実際につくっているのは、そういう商品だ。はじめに需要があるわけではない。本が完成し、店頭に並んでから、はじめて需要が生まれる。

経営的視点から見れば、本は、お金を投資し、実際につくってみて、そこで初めて需要が生まれるというリスキーな商品だ（プロダクトアウトというらしい）。

そういう商品をつくり続けることで、会社をやりくりしていくなんて、おかしなことだとも思う。

でも、世界中の多くの会社がそういう商品をつくり、いまも、仕事を続けているのだ。

4

ぼくにとって、本は生活に必要なものだ。本がなくても生きていけるが、本があるほうがずっといい。

仕事をし、疲れ果て、それでも本屋さんに行き、それまで知らなかった本を一冊買って帰る。

簡素で、飾り気がなくて、でもどこか気品のある本。

ぼくはそれをリュックから取り出して、食卓のテーブルの上に置く。

それだけで、満ち足りた気持ちになる。

もちろん、これはぼくの個人的な感覚で、万人に共通したものではないだろう。けれど、ぼくはその個人的な感覚を信じて、やるほかない。だれかの感覚を起点にして、なにかをはじめることはできない。

その意味で、ぼくの仕事のスタートは、自分がそのものをほしいかどうかだ。

「生活必需品」ではないが、ぼくはほしい。ぼくだったら買う。さらに細かいことをいえば、幾らだったら迷わずに買う。そういうところから、自分の仕事を設計しはじめる。

逆にいえば、その視点がなくなると、商品はどんどん抽象的になる。

思い出すのは、ほかでもない、「コーヒーラーメン」のことだ。文字通り、コーヒー風味の真っ黒なスープに黄色い小麦粉の麺が浮かぶ、珍奇な一品。ずっと前にテレビでその存在を知り、以来気になっている。

ぼくはテレビの「ぶらり散歩もの」が好きで、そういう番組がやっていると、なんとなく最後まで見ている。土曜日の朝。日曜日の昼。そうすると、けっこうな確率でコーヒーラーメンのような商品が出てくる。

一見不味そうに見えるが、食べてみるとけっこう美味しい。

そんなふうに、レポーターがいう。

そういう料理を見て、食べたいな、と思ったことはない。それよりも、なぜこんなものをつくって出そうと思ったんだろう、と考える。

そのスタートは、おそらく、店主の思いつきだろう。

「こういう食材とこういう食材を組み合わせたら面白いのではないか?」

そして、実際に手を動かして、料理をつくってみる。試食してみると、そこまで悪い代物ではない。むしろ、店の名物になるかもしれない。そう考えて、その料理をさらに美味しくなるよう工夫して、ある日店の看板に「○○○、はじめました」と書く。

珍しいメニューは、なによりも話の種になるし、とんでもなく不味いものでなければ、それこそ、一見ならぬ一食の価値もあるはずだ。

けれど、その店主はそのメニューをよろこんで食べるのか、と思う。

自分がお客さんになったと仮定して、それにお金を払って、食べるのかどうか。

「いやいや、すべてはお客さんに楽しんでもらうためのものですから」といわれれば、そうかもしれない。では、その肝心のお客さんは、もう一度その店に足を運び、同じメニューをよろこんで注文するだろうか。

ぼくが思う「抽象的な商品」とはそういうものだ。自分はすすんで食べないけれど、話題になるからつくる。自分はそんなにほしくないけど、ニュースになるかもしれないから、やってみる。

いつからか、そういう種類の仕事が増えたように感じる。

たしかに、ほかの店と違うことをすれば、それはインターネットの情報網にのり、瞬時に多くの人たちに拡散していく。それをテレビ関係者が見て、取材が入り、情報はさらにインターネットの外へと広がっていく。

しかし、それらの仕事が長く続くとは思えない。

彼らのやり方はニュースにならないと続いていかない仕組みであるから、彼らがつくり出す商品は、得てして、ますます抽象的で、かつ珍奇なものとなる。

5

本来必要でない商品を買ってもらうためには、当たり前だが、まずその商品の存在を知ってもらわなければならない。

そのためには、幾ばくかの広告費を払って、しかるべき媒体に出稿したり、または、世間で話題になるための仕組みをいろいろと考えたりする。

それはぼくも同じだ。自社の本がもっと話題になればいいのに、と毎日のように願っている。

たまに、新聞や雑誌で、夏葉社の本が紹介されることがある。そうすると、しみじみとうれしい。

しかし、仕事を長く続けるためには、そのことを第一義的な目的としてはならない。話題になったらうれしいし、それに乗じてお金も入ってくる。でも、その感覚に馴れると、いつしか仕事は変容していく。

たいせつなのは、目の前のお客さんだ。ぼくが実際に知っているお客さん。これまでに夏葉社の本を買ってくれた読者。

ぼくは出版というマスメディアの仕事をしているが、気持ちとしては、店に立って接客業をしている店主とまったく同じだ。ぼくの大好きな近所の中華料理屋さん。そば屋さん。いまはもう行く必要がなくなってしまったけど、床屋さん。本屋さん。古本屋さん。

彼らは実際にお客さんと接し、話すことで、店のメニューをつくったり、改良したり、商品を仕入れたりしている。そうすることで、その店にしかない個性ができあがっていく。

夏葉社の本のほとんどは初版二五〇〇部だが、この数字がぼくにとって大切なのは、それがかろうじて具体的な数字であるからだ。

一万人の読者のことなどわからない。五〇〇〇人もわからない。三〇〇〇人でもあやしい。でも、二五〇〇人ならなんとかなるのではないか。

万人に向けての誠実さではなく、二五〇〇人に向けての誠実さ。

6

和田誠さん。オリジナルの『昔日の客』をつくった編集者であり、版画家であった山高登さん。『星を撒いた街』をつくるきっかけを与えてくれた、上林曉の妹御、徳弘睦子さん。『冬の本』に原稿を寄せてくださった、天野祐吉さん。安西水丸《みずまる》さん。池内紀《おさむ》さん。そして、後輩の荒川満《みつる》くん。

この数年で、たくさんの人が亡くなってしまった。

たしかに、彼らは日本中のどこをさがしても、いまはもう存在していないが、彼らの思い出や、彼らのつくったものは、彼らの身の回りの人たちのこころのなかに、いまもしっかりと残っている。

その思い出を抱えた人も、いずれこの世を去るに違いない。でも、それでも、本は残る。写真は残る。ものは残る。

ぼくはなにかに迷った時、よく、彼らのことを思い出す。

今はもう、彼らに電話をしたり、メールで問い合わせたりすることはできないが、ぼくのこころのなかでは、彼らは生前より率直に、いろんなことをアドバイスしてくれる。

「それじゃだめだよ」

「それはくだらない仕事だよ」

「ほんとうに、こころから、それをいいと思っているの？」

そういうふうに、彼らにアドバイスをもらい、つくった本は、果たしてぼくがつくった本なのだろうか、と思う。

この会社のこともそうだ。

ぼくは夏葉社という出版社を自分ひとりの意思でつくったといえるだろうか？

むかしなら、そうです、と胸を張っていっただろう。

清水の舞台から飛び降りる気持ちで会社を設立し、右も左もわからない状態で編集をし、営業して、四苦八苦して軌道に乗せました……。

でも、いまは違うと思う。

この会社は従兄がつくってくれた会社で、ぼくはいまも従兄に力をもらいながら、仕事を続けている。

7

会社をはじめて、三、四年めのころ、ブログにこんな文章を書いた。

「奈良県の桜井市に、BOOKLANDという書店がある。

ある日、ツイッターで、そのお店が弊社の書籍を全部揃えて下さっていると知った。写真も載っていた。『レンブラントの帽子』も『昔日の客』も『星を撒いた街』も全部並んでいた。

知らない町にぼくが編集した本が並んでいる。そう思うと、もう一日も早く、そこへ行きたくなるのである。

そこに置いてある本は、ぼくが持っているものと一緒なのだけれど、なんとなく、それらの本たちが、ぼくの知らぬうちに少し成長して、知らない町で立派になっているような気がしてならないのである。

知ってから半年後、難波《なんば》経由で桜井まで行った。

桜井は、僕が思っていたよりも、ずっと田舎であった。駅前に人はあまりおらず、草の匂いがした。

目指す書店は、駅近くのショッピングセンターの三階にあった。

店長のNさんは、僕より少しだけ年上の男性で、にこやかに迎えてくれた。ぼくもうれしくて、ニコニコしていた。

Nさんは、弊社の本が並んでいる文芸棚を案内してくれた。

あった、あった、たくさんあった。

最新刊の『さよならのあとで』もちゃんと並んでいる。

ぼくはもう、それだけで大満足なのである。

そのあとは、何を話せばいいのかわからないから、ありがとうございます、と繰り返すだけであった。

ぼくは持っていなかった河出書房新社の『ロングシーズン　佐藤伸治詩集』を買っ

て、帰ろうと思った。でも、帰りの電車のなかで漫画も読みたいから、Nさんに、『めしバナ刑事タチバナ』の五巻はありますか？　と聞いた。

するとNさんはびっくりしたような顔でぼくを見て、レジにいるアルバイトの女の子とうれしそうに目をパチクリさせた。

Nさんがにこやかに言うのはこうである。

――島田さんが来るからなにかお土産を渡そうと思って、それで、このあいだ読んだ『めしバナ刑事タチバナ』の五巻に出てきた缶詰が美味しかったから、いまからそれを渡そうと思っていたんです。

レジの中から、カレーの缶詰が出てきた。Nさんの読みさしの『めしバナ刑事タチバナ』五巻も出てきた。

こんなことってあるんだろうか。

ぼくは、すごいなあ、とひとりごちながら、駅までの道を帰った。

桜井に住みたい、とまで思った。

ぼくはいい書店のある町に住みたい。

Nさんなら、ぼくの心の隙間をきっと埋めてくれるだろう」

8

ぼくは思う。

生きているか、生きていないか。

その店があるか、ないか、なんていうのは、たいした問題ではないのだ。

9

会社を立ち上げたのは三三歳のときで、いまは四五歳、もうすぐ四六歳だ。

でも、考えていることは、一三年前とほとんど変わらない。

目の前の人にたいして誠実であること。いまはいない人にたいしても、同じように誠実であること。お金を目的にしないこと。人によって、態度を変えないこと。

自分のなかでルールにしていることはいくつかあるが、それをずっと、守ってきたというつもりはない。

でも、ちゃんとしていよう、と心がけているかぎりは、なんとか、自分の仕事を続けられるのではないか？

そんな思いがある。

文庫版あとがき

望月ミネタロウさんの『ちいさこべえ』という漫画が大好きで、最終巻の四巻を読んでからもう七年以上も経っているのに、いまだにあの余韻のなかにいる。

「装画はだれがいいですか？」と担当編集者の河内卓さんに聞かれて、なにも考えずに望月さんの名前を出したが、その希望が叶うとは微塵も思っていなかった。

河内さんの存在も大きい。河内さんは二〇一二年に「北と南」という同人誌でぼくにインタビューをしてくれ、以来、ぼくの仕事を気にかけてくださっている。

望月さん、河内さん、そしてすばらしい解説を寄せてくださった頭木弘樹さん、装丁を引き受けてくださった五十嵐哲夫さんのおかげで、『あしたから出版社』のことが好きになった。

それまでは恥ずかしくて、ぼくは、この本を読み返すこともできなかったのだ。

ぼくは相変わらず、たくさんの人に支えられて仕事をしている。

この本を何度も好きだといってくれた、秋峰善さんにも感謝の気持ちを捧げたい。

二〇二二年五月

島田潤一郎

解説　残像のいい人

頭木弘樹

夏葉社の登場は画期的な出来事だった。今でも鮮やかな印象が残っている。

もちろん、ひとり出版社はそれまでもあった。私の知人もやっていた。有名な出版の賞を取り、新聞にも載ったが、それでも自宅には在庫の山が積んであり、なかなか売れないとこぼしていた。本を売る難しさは、そばで見ていても、こわいほどだった。

私が夏葉社を知ったのは、たまたまだった。

マラマッドを読みたいと思って、翻訳書を調べたのだが、絶版ばかりで、本書にも書いてあるように「二〇年近く、新刊が手に入らなかった作家」という状態だった。

ところが、ちょうど新刊が出ていた。しかも『レンブラントの帽子』！　おおっ、と思った。どこが出してくれたのかと思って出版社名を見たら、「夏葉社」。聞いたことがない。調べてみると、吉祥寺に新しくできた、ひとり出版社らしかった。

きっと若い人だろうと思った。それも、あまり出版社での経験がないのではないかと思った。というのも、海外文学はあまり売れないし、まして（残念なことだが）マラマッドがそんなに売れるはずもない。旗揚げの一冊目に、そんな売りにくい本を出したのでは、たちまち会社が傾いてしまいかねない。

しかし、装幀がどう見ても和田誠なのだ。そして巻末には荒川洋治の書き下ろしのエッセイが入っている。和田誠と荒川洋治に依頼できるとは、もしかすると、かなりベテランの編集者なのか？　それなら、一冊目がマラマッドという無謀さは承知の上で、それでもやるという、志の高い人なのか。

いずれにしても、ぜひ応援したいと思った。海外文学好きとしては、こんな嬉しい出版社はない。しかし、じきに倒産してしまうだろうなあとも思った。「ああ、残念だ……」と早くも勝手に残念がったりしていた。せめてもできることとして、二冊買った。

夏葉社から次に出たのは『昔日の客』という本だった。著者は古書店の店主。これは意外だった。次も海外文学かと思っていたので。しかし、売れるものに方針転換したという感じではない。それどころか、より危険な感じさえする。

しかも、装幀がすごい！　布張りだ。紙のカバーなら、書店から汚れて戻ってきたとき、交換してまた出せるが、布張りではそれができない。私もじつは、布ではないが、紙ウイスキーの瓶の箱の内側に使う毛足のある紙で装幀した本を出したことがあるが、紙カバーをつけた。日和《ひよ》ってしまったのである。夏葉社は紙カバーをつけていない。

さらに、箔押しがしてある。裏表紙には版画が埋め込んである。

なんてコストのかかることを！　これはもうつぶれると思った。こんなことをして、経営が成り立つわけがない。しかし、見事だ！　こういう本を出してくれる出版社があってほしいと願っていた、まさに夢のような出版社だと思った。

コストを考えると、装幀の範囲というのはどうしても限定されてくる。その結果、たくさんの本が書店にあっても、手ざわりや持ったときの感じはどれも同じになってしまう。それが残念でならなかった。無茶を言えば、本ごとにちがう手ざわり、ちがう持ち心地であってほしい。持ったときに「ああ、あの本だ」と手だけでもわかるような。

夏葉社はそれをやってくれている。しかも、定価も二千五百円以下で。

この二冊で、伝説を残して、夏葉社は消えていくのだろうと思っていた。

ところが、つぶれないのである。それどころか、とてもうまくいっているようなのだ。あちこちで夏葉社という名前を聞くようになる。応援している人も多いという。本も売れているという。増刷もしているという。これはいったいどういうことなのだ？

嬉しい驚きなのだが、とにかくその謎が気になってしかたなかった。すると、吉祥寺で講演会が開かれるということを耳にした。これはもうぜひ行かねば！　即予約した。

若い人だということはもう知っていたが、どういう性格で、どういうことを考えて、どういうやり方をしているのか、まったく知らなかった。登場した島田さんは細身で、おだやかで、やわらかな印象だった。声高な人ではなくて嬉しかった。

驚いたのは、編集者ではなかったということだ。ひとり出版社の多くは、元は別の出版社の編集者だ。それに、編集経験がないと本を作ることは難しい。

出版社で営業をしていたことがあると島田さんが話した。これも驚いた。営業だった人が、ひとり出版社を始めたというのは、聞いたことがない。

しかし、島田さんの話を聞いていて、なるほどと思った。発行部数を決めるときも、あの書店なら何冊売れるはず、この書店なら何冊売ってくれるはずと、実際の書店を頭において、そこから決めるから、売れ残らないというのだ。

これは衝撃だった。コペルニクス的転回だ。そういうふうに考えたことがなかった。たしかに、いい書店には、いい読者もついているはずで、言われてみればなるほどだ。

もちろん、そのためにはそれらの書店をよく知っていなければならないし、営業に行かなければならない。全国のあちこちの書店に、しばしば顔を出すとなると、これは大変な労力だ。普通はなかなかできない。それを島田さんはやっている。

私の知り合いのひとり出版社の人も、都内の書店には営業に行っていたが、なかなか置いてもらえない。心が折れて、やめてしまうということが多かった。

私自身も、懇意な出版社で営業の名刺を作ってもらい、出版について勉強するために、しばらく営業の仕事をしてみたことがあるが、想像以上に大変で驚いたものだ。だから、営業すればうまくいくというものでもない。たくさんの書店さんとのつながりは島田さんだから築くことができたものだ。

この原稿を書いているときに、ちょうど、『ほんとの本の物語』というドキュメンタリー番組のシナリオを収録した本を手に入れた。一九八七年という、まだ書店が増えている時期に作られたテレビ番組だが、それでも「ある人の努力が、ちゃんと本になっているのに、人々の目に届かぬまま消えて行ってしまうことに、怒りのようなものを覚えた」ということが制作の動機になっている。テレビドラマの脚本家で小説家でもある山田太一が企画・構成・取材をしている。

この番組の中で山田太一が語っていることが、夏葉社の島田さんの活動にも通じるものがあると思うので、ちょっと引用してみたい。

テレビは、大勢の人が、関心を持ってくれるものでしか番組が成立しません。如何に興味深い事でも、少ない人の関心しか集めないものは、作品にはならないのです。本も大筋では同じです。売れる本は、たくさん印刷され、日本の隅々まで、届けられます。売れない本は、そうはいきません。しかし、肝心なのは、少数のための少部数の出版が、今もなお、続けられているという事だと思います。（『地球発22時　シナリオ作家シリーズ』毎日放送テレビ制作局　非売品）

この「肝心なのは、少数のための少部数の出版が、今もなお、続けられているという事だ」というのは、まさに夏葉社で島田さんがやっておられることだろう。

山田太一は、さらにこう言っている。

私たちは、どっかで少数派です。大多数の人の本やテレビだけでは、飽き足りないものを、誰もが、何にか、持っているのではないでしょうか。もし、そういうものに答えてくれる本がなくなったら、とてもさびしいと思います。

今や出版の状況は格段に厳しくなっている。夏葉社が成功していることが希望だが、島田さんだけに頼ってしまってはひどすぎる。いかに夏葉社のような出版社を枯らさずに育てつづけていくかは、私たち読者にかかっていると言えるだろう。

出版の話を長々と書いてきたが、私がこの『あしたから出版社』に魅了されたのは、出版についていろいろわかるからというだけではない。

読み出したら、もう「はじめに」のところで、心をわしづかみにされてしまった。


本当は就職をしたかったのだ。

みんなと一緒に机を並べ、残業なんかもこなして、たまに、同僚からのお土産が電話の横かなんかにちょこんと置いてあって、それで、「いいなあ、山田さんは北海道に行ったんですね」などと、となりの人と話したかったのだ。


ものすごくわかるなあと思った。私事になるが、二十歳で難病になって十三年間闘病して、ベッドの上で原稿を書くようになったので、私も就職したことがない。ここを読んで、早くも泣きそうになった。これはもうまったく私的な読み方にすぎず、他の人はここで泣きそうになったりはしないだろう。でも、おそらく多くの人が、それぞれに別のところで、私のように心をわしづかみにされるはずだ。この本は、そういう本だ。

夏葉社を成功させた島田さんが、こういう人だとは、読むまでは思ってもみなかった。なかなかうまく社会に参加できなかった人間の青春記なのだ。

そして、こういう人だと知って、とても親しみを感じた。いくつか引用してみよう。

そして、三一歳のぼくは、いま、仕事を探している。

お前は要らない、といわれ続けながら、毎日、毎日、履歴書を書いている。

何日経っても、ぼくのブログには、ぼくひとりしかいなかった。

友だちがすくなく、いつも人を値踏みし、臆病で、感傷的で、さらにいえば、緊張すると脇に汗をかくことにコンプレックスをいだき、おまけに、頻尿と強迫神経症にも悩まされている。

二十三歳で沖縄に引っ越したときの恋愛エピソードもとても面白い。沖縄の女性たちが、東京の女性たちよりも話しやすく、たちまち好きになってしまう。私も沖縄の離島の宮古島に移住した人間なので、わかる気がする。とくに笑ってしまったのは、Aさんにふられ、Bさんにもふられ、「Aさんではなく、Bさんでもなく、実は、ぼくは、Cさんのことが好きなのであった。嘘ではない。本当である」というところだ。

そこからアフリカに行ってしまう怒濤の展開も、楽しい。

しかし、楽しいばかりの青春記ではない。

決して失うことができないほど大切な人を、失ってしまった人間が、立ち直ることができないまま、どう生きていったのかという人生録でもある。

かなしみを知る人だからこそ、「一〇万人の人がかなしんでいれば、一〇万人のかなしみは、すべて、それぞれ違う。いつまでも、同じものにはならない」ということがわかっている。こうすれば立ち直れますよ、などと一般論を語ることは決してない。そして、「ぼくは、その個別のかなしみに寄り添えるような本をつくりたい」と考える。

てっきり、根っからの本好きで、小さい頃から本ばかり読んできた人なのかと思ったら、「大学に入るまでは、一般的に「文学」といわれているような作品は、一冊も読んだことがなかった」「読書が苦手」「ぼくは、三〇分も読むと、頭のなかが真っ白になるくらいに疲労を感じるのだった」というのも、とても意外だった。

でも、そういう人が、文学の魅力を語るから、説得力がある。ぜひ、八九ページの五行目から九〇ページの十三行目までを読んでみてほしい。なぜ文学を読むのかという問いに対する、最高に魅力的な答えだと思う。

そして、この本自体が、まさに文学だ。ひとり出版社を立ち上げる話であり、青春記であり、かなしみの記録でもあり、出会ってきた人たちの思い出であり、本についての本でもあり、簡単には分類できない。島田さんが文学にひきつけられた理由、「文学にはすべてがあるように思えた」「文学では、すべてが大切なテーマとなった」ということがまさに実践されている。

無理にひと言で表現するなら、「生き方の本」ということになるだろう。といっても、いかに生きるべきか、などと大上段に振りかざしてあるわけではない。ただ、この本を読む人は、島田さんの生き方にふれ、ごく自然に、自分の生き方についても振り返り、考えることになるだろう。

こうして、おこがましくも文庫の解説を書かせていただいたが、じつは島田さんとは一度しかお話ししたことがない。

国分寺でのトークイベントに島田さんが出演されたときに、また私は客として聞きに行ったのだ。そのとき、共通の知り合いから紹介してもらえて、たまたま帰る方向が同じだったので、電車に座って二十分くらい、二人だけでお話しすることができた。

何をしゃべったか、まったくおぼえていない。でも、心地いい印象が残っている。これも山田太一が『月日の残像』（新潮文庫）というエッセイ集で書いていることだが、人が人にまた会いたくなるのは、その人の「残像のよさ」のためなのかもしれない。

島田さんはまさにそういう、残像のよさのある人だ。

（かしらぎ・ひろき　文学紹介者）

本書に登場する
夏葉社の本

バーナード・マラマッド
レンブラントの帽子
訳　小島信夫、浜本武雄、井上謙治
巻末エッセイ　荒川洋治
装丁　和田誠

いちばん最初の本。何度読んでも、胸にしみわたる。表題作ほか「引出しの中の人間」「わが子に、殺される」の二篇を収録。

関口良雄
昔日の客
装丁　櫻井久

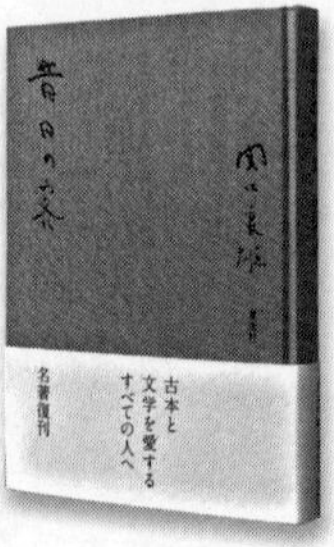

「私は常々こう思っているんです。古本屋という職業は、一冊の本に込められた作家、詩人の魂を扱う仕事なんだって」。ぼくは関口さんから、本にたいする心構えを教わった。

上林曉傑作小説集
星を撒いた街
撰　山本善行
装丁　櫻井久

ヘンリー・スコット・ホランド
さよならのあとで
挿絵　高橋和枝
装丁　櫻井久

青山南ほか八三名
冬の本
装丁　和田誠

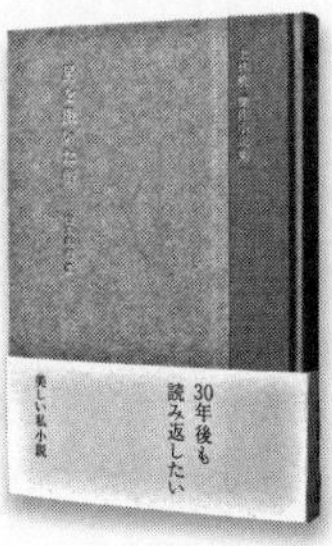

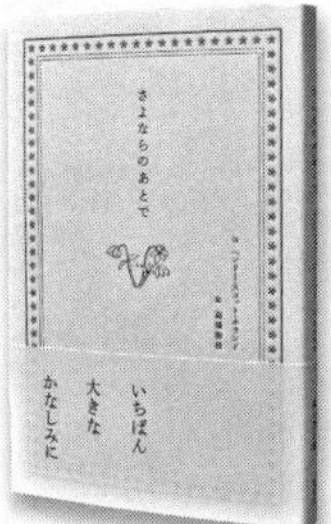

かなしいけれど、美しい。そういう世界に惹かれる。山本さんが力いっぱい選んでくださった。とくに表題作と「花の精」は多くの人に読んでほしい。

若林一美先生の著作のなかで、この詩に出会った。先生をとおして、ぼくは詩を翻訳された方に出版の許諾をいただいた。先生のお仕事に、ぼくはたくさん励まされた。

八四人の執筆者、すべてをここに記したいけれど、字数の関係でできない。原稿を寄せてくださった人たちに、ぼくはこれから恩返しをしていかなければならない。

得地直美、本屋図鑑編集部

本屋図鑑

装丁　櫻井久

キッチンミノル

海文堂書店の8月7日と8月17日

装丁　櫻井久

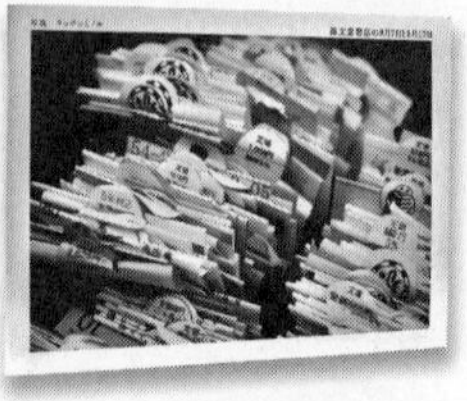

町の本屋さんはもっともっとおもしろいんだ。そう伝えたくてつくった本。空犬さんの本屋さんへの愛。得地さんが全身全霊で描いてくださった絵。

キッチンさんが撮ったたくさんの写真は、本屋さんしか写っていない四八ページの写真集になった。限定一〇〇〇冊があっという間になくなった。ぼくも一冊しか持っていない。

期券うりは ⇒

きっぷうりば

写真　キッチンミノル
章扉・巻頭部・巻末部デザイン　五十嵐哲夫

本書は二〇一四年六月、晶文社より刊行されました。文庫化にあたり加筆修正をおこない、「文芸部の同級生」「四五歳のぼく」を増補しました。

ちくま文庫

あしたから出版社《しゅっぱんしゃ》

二〇二二年六月十日　第一刷発行
二〇二三年十月十日　第三刷発行

著　者　島田潤一郎（しまだ・じゅんいちろう）
発行者　喜入冬子
発行所　株式会社　筑摩書房
東京都台東区蔵前二―五―三　〒一一一―八七五五
電話番号　〇三―五六八七―二六〇一（代表）
装幀者　安野光雅
印刷所　株式会社精興社
製本所　株式会社積信堂

ISBN978-4-480-43822-5　C0195